HSPという
秀でた「個性」の
伸ばし方

敏感繊細すぎて生きづらい人へ

心療内科医
降矢英成
Furuya Eisei

さくら舎

はじめに

私は心療内科医としてクリニックを開業し、ホリスティック（全体的）医療を実践しています。わかりやすくいうと、現代医学だけでなく、東洋医学やアーユルヴェーダなどの伝統医学、アロマテラピーなどの代替《だいたい》医療など、さまざまな視点を反映させた診断・治療をおこなっています。

ホリスティック医療では、内科・外科を問わずあらゆる患者さんが対象となりますが、私がとくに手応えを感じているのは心療内科領域の患者さんたち、その中でも「ＨＳＰ」の方たちに対してです。

本文で詳しく説明しますが、ＨＳＰは病名ではありません。Highly Sensitive Person（ハイリー・センシティブ・パーソン）の略語で「高度の感覚処理感受性を持つ人」、わかりやすくいえば**「きわめて敏感で繊細《せんさい》で傷つきやすく、共感力や直感力、想像力に長《た》けた人」**をさす言葉です。つまり、ＨＳＰは病気でも障害でもなく、そういう気質・キャラクターをあらわす名称です。

また、この気質は、環境や教育によるものではなく生まれ持った特性であり、背が高いなどの身体的特徴と同じ性質のものです。たとえば、

・大きな音やまぶしい光が苦手
・ちょっとした仕草や表情、声色《こわいろ》から相手の本音がわかってしまう
・周囲の微妙な変化にすぐに気がつき、空気を敏感に読む
・相手の気持ちを先まわりして読み、思惑《おもわく》を忖度《そんたく》してばかりいて、帰宅するとどっと疲れが出る
・ちょっとしたことで気持ちがアップダウンしやすい
・嫌な思いをしていても、表にそれを出せない
・ほかの人が上司に叱られていると、自分が怒られているように感じていたたまれなくなる
・人にどう思われているか、気になってしかたがない
・大人数の飲み会は疲れるので、少人数のほうが好き
・どんなに疲れていても頼まれると断れない

キニナル
コトワレナイ
オネガイ
...OK...
ジコケンオ
ビンカン

・人が転ぶところを見たり怒鳴り声を聞いたりするなどしてびっくりすると、一瞬、身体がすくむ

・自分はダメな人間だと思って落ちこむことがよくある

いかがですか？　もしあなたが「思い当たることがたくさんある」と感じるのなら、HSPである可能性がありそうです。

日本には「おもてなし」の心を大事にする文化があるくらいですから、人間関係にいろいろ心を砕いている人は少なくありません。日本人の多くはそれなりに人に気をつかいながら生きているといってもいいでしょう。

ですが、HSPは、ここにあげたように人に対してだけでなく、見るもの、聞くもの、触るもの……自分を取りまくすべてのものに対して敏感に反応してしまう、いわば「敏感力」の非常に優《すぐ》れたきわめて繊細な人たちです。

どれほど敏感で繊細かというと、たとえば、HSPの人たちの気づかいは、「よく気のつく人」というレベルではありません。先ほどの例のように、相手の気持ちの先の先の先を読んで行動したりするため、かえって相手に「ウザい」と思われ、結果、人間関係がうまくいかなくなってしまうこともあります。

このように、ＨＳＰの人たちは、いろいろなことに気がつきすぎるだけでも疲れるのに、そのことで周囲（人や環境など）との軋轢《あつれき》が生じて悩み、「どうして自分はこうなんだろう」「自分はダメな人間なんだ」と自分を責め、追いつめてしまうこともあります。

そのためＨＳＰの人たちは、周りから刺激を受け取りやすいために過剰にストレスを感じ、精神的に消耗して「うつ病」を発症するリスクが普通の人より高いといわれています。

実は、**「敏感すぎて生きづらい人たち」というのは以前からいました。しかも、この傾向を持つ人は男女を問わず5人に1人、つまりどの社会にも約2割は存在する**といわれていて、決して珍しいわけではありません。ですが、その存在がＨＳＰとして注目されるようになったのは、ここ数年です。

ＨＳＰは、アメリカの心理学者エレイン・Ｎ・アーロン博士によって提唱されました。アーロン博士自身が繊細で敏感な神経の持ち主であり、そのことで悩み苦しんでいたことから調査や研究を続けた結果、たどり着いたのがＨＳＰという概念です。

１９９６年に博士がＨＳＰに関する本を出版したことからＨＳＰという存在が少しずつ広まり、最近では、日本でもテレビ番組で取りあげられるなど、かなり知られるところとなってきました。

しかし、それ以前は、敏感力の高い人たちは自分がＨＳＰであることを知らないため、

「どうしてこんなに疲れてしまうのか」

「どうしてこんなに生きづらいのか」

その理由がわからず、なおさら苦しい思いをしていました。また、周りも、ＨＳＰの人たちがどうして生きにくいのかを理解することができずにいました。


私自身、かつて診察した患者さんの中に、心が疲れてつらい状態だということはわかるものの、症状を精査すると「不安障害」や「うつ病」など既存の病気の診断基準にはどれもピタッとはまらず、診断に苦慮する方がいらっしゃいました。

その後、アーロン博士によってＨＳＰという知見が示されたことで、私自身、「ああ、あの患者さんはこれだったのか」と合点がいったという経験があります。


それ以降、診察の結果、ＨＳＰ傾向だということが判明した患者さんに対して、ホリスティック医療の観点から治療や指導をおこなうようになったところ、

「ほかの心療内科で処方された薬を飲んでも少しも気持ちが楽にならなかったのに、これまで感じたことのないような安心感を得られるようになりました」

「あれほど嫌いだった自分のことを受け入れられるようになってきました」

などなど、治療の手応えを感じられる症例がいくつも見られるようになりました。

ＨＳＰに対してホリスティック医療が効果的なのは、現代医学が臓器（肉体）を治療の対象としているのに対して、ホリスティック医学の基本は、「人間を『body（身体）―mind（心）―spirit（魂・霊性）』という統合体としてとらえ、さらに『環境』を含めて全体的に診《み》ること」だからだと思います。

そもそも**ＨＳＰは病気や障害ではなく、あくまでその人の持って生まれた気質・キャラクターであり、「治《なお》す」ようなものではありません。**したがって、現代医学ではアプローチのしようがない、というのが本当のところだと思います。

また、ＨＳＰの研究が進むにつれて、ＨＳＰの気質を持つのは人間だけではなく、あらゆる生物の2割に存在していることもわかってきました。そして、その理由として、それぞれの生物が生き残るために、残り8割が気づかない危険を察知する役割を2割のＨＳＰが担っているためだといわれています。

このことから、アーロン博士は、

「ＨＳＰの敏感さは、天から与えられたギフト（秀《ひい》でた知性と精神性）、才能である」

と提唱しています。

ただ、その宝ものはとても繊細で壊れやすいので、取り扱いには注意が必要です。大切にうまく取り扱うことができれば、つまり「敏感で繊細」という自分の個性とうまくつきあうことができれば、それは大きな長所であり武器となります。

そのためには、ＨＳＰについて正しく知り「ＨＳＰは一種の『個性』である」という認識を、まずはしっかりと持つことが重要です。そして、「敏感で繊細」という個性を自分の一部として受け入れたうえで自分自身を全体的に俯瞰《ふかん》し、そういう自分と「日常の中でどのようにつきあっていくか」という方向に考え方をシフトし、自分に合う環境や生活の仕方を見つけながら生きていくことが大事です。

これはまさに、

「ホリスティック（全的）な価値観を持って生きていく」

ということにほかなりません。

最近では、ＨＳＰに関する本もいろいろと出版されており、その中には、ＨＳＰ気質である著者による体験談的なものや、専門家による学術的な内容のものなどもあります。その点、私自身はＨＳＰではありませんし、またその専門家というわけではありません。し

かし、

「私は、人間をまるごと全体的に診るホリスティック医学の視点を通してHSPの方たちと向きあってきた。だからこそ、お伝えできることがある」

そのように考えて、本書をまとめることにしました。

たとえば、既存のHSP本では、HSPの人たちの悩みごとの対応策や対処法として「短所ではなく長所だと発想の転換をしましょう」「周りとのつきあい方を見直しましょう」など、HSPという気質とうまくつきあっていくためのいわば「心がまえ」を主として述べているものが多く見受けられます。

確かに、先にも述べたように、HSPという自分の気質とつきあっていくには、考え方や環境を変えるなどの工夫をすることが重要です。ただし、考え方を変えても、HSPという気質そのものが変わるわけではありません。

HSPを受け入れながら生きていくには、たとえば、疲れやすい心身を定期的に癒《いや》すなど、自分自身のメンテナンスが欠かせません。そのための具体的なノウハウが、ホリスティック医療にはたくさんあるのです。

本書では、HSP気質で悩む人たちがまずはご自身のことを正しく理解できるよう、④

つの視点や意識のレベルからその人の本質をとらえる「インテグラル理論」（85ページ参照）や、自律神経がその人の社会性に影響を与えるとする「ポリヴェーガル理論」（58ページ参照）などの観点を取り入れながら、ＨＳＰの特徴やそれによってなりやすい性格・思考の傾向についてわかりやすく説明します。

そして、ＨＳＰという気質とうまくつきあいながら暮らしていくための方法として、「森林療法」など私のクリニックを受診されたＨＳＰの人たちに効果のあった方法を紹介します。

「ＨＳＰで悩んでいる人が、自分自身を理解して受け入れ前向きに生きていくために、ホリスティック医療にできることがある」

私はそうかたく信じています。

本書が、ＨＳＰの人たちが自分の個性とうまくつきあい、自分を大切にしながら楽しく生きていかれるための一助となれば幸いです。

降矢《ふるや》英成《えいせい》

◎目次

第2章　ＨＳＰ的自分のイメージを変える法

第3章　ＨＳＰにはホリスティック医学が生きる！

第4章　もっと生きやすくなるためのアプローチ法

第５章　私がすすめるセルフケア

敏感繊細すぎて生きづらい人へ

――ＨＳＰという秀でた「個性」の伸ばし方

第1章　ＨＳＰへの誤解

診察室で①——Aさんの場合

30代の男性Aさんが私のクリニックを訪れたのは、それまでかかっていた心療内科の先生が病気になってしまい、新しい医師を見つける必要が生じたためでした。

Aさんが診察室に入ってこられて、まず驚いたのは、「ここに荷物を置いてもいいですか」と尋《たず》ねられたことです。診察室には患者さんに座っていただく椅子とは別に、患者さんが荷物や上着を置いたりするためにもうひとつ椅子を置いてあります。つまり、Aさんは荷物台として置いてある椅子に、荷物を置く許可を求められたのです。

私が「もちろんです。そのための椅子ですから」とお答えしたところ、Aさんは「でも、先生が何か必要になることもあるかもしれないですから」とおっしゃったのです。このやりとりだけで私は「Aさんは相当に気をつかわれる方だな」と思いました。

そして、健康調査票のCMI（Cornell Medical Index）」（30ページ参照）をおこなったところ、予想通り、「ひどく神経過敏」「細かいことによく気がつく」「目上の人に接すると、とても緊張して震えそうになる」など、HSPの特徴に当てはまる項目にことごとくチェックが入っていました。

これだけでもＨＳＰ傾向であることはほぼ間違いないのですが、Ａさんの「診察を一度受けただけでは先生との相性がわからないので、何度か診察にうかがってから治療を継続するかを検討したいと思っています。先生のほうにも、患者さんとの相性がおありになると思いますし……」という発言を聞いて確信しました。

というのは、前半のコメントだけなら、容易に理解はできます。長年、信頼していた主治医が急にいなくなってしまったのですから、おいそれと代わりが見つかるはずがないと考えるのは当然のことです。ですが、後半のコメントが反映しているように、Ａさんは自分の都合だけでなく、常にほかの人たちの気持ちまで考えながら行動されているのです。これはもはや「気配りのできる人」どころではありません。

実際、お話を詳しくうかがうと、たとえば「人から頼まれると断ることができないため、ケガをしてもやる」というのです。男性にしては小柄なほうで華奢《きゃしゃ》な体型のＡさんは身体的にも「虚弱な体質」で、たとえば、ファイルをまとめて運ぶようなちょっとした力仕事でも、腕や足を痛めたり、捻挫《ねんざ》してしまうこともあるとのこと。

けれど「手伝ってほしい」「代わってほしい」とはとてもいえないため、「またケガをするような状況になったらどうしよう」といつもビクビクしながら仕事をしているそうです。「頼まれたら断ることができないタイプ」の人はそれなりにいます。ですが、Ａさんのように「たとえケガをしても引き受け続ける」という人は、そうはいないでしょう。こんなふうに、Ａさんは常に「気をまわす」ことにエネルギーをたくさん使ってしまうために、心身を消耗させているのです。

こうしたエピソードや質問紙の回答も含めた問診の結果、Ａさんは高度の感覚処理感受性を持つＨＳＰであるとの診断に至りました。そして、「非常に敏感で繊細《せんさい》」であることを理解したうえで、診察・治療を進めていく旨《むね》を、Ａさんにお伝えしました。

すると、Ａさんはとても安堵《あんど》した表情で「だいたいわかっていただけたようでよかったです。これまでいろいろな先生に診《み》ていただきましたが、わかってもらえないことも多く、今日は心配していたのです」と話されました。

このように、心の面では「きわめて繊細」、身体の面では「虚弱」という課題を抱えるＡさんに対する治療には、漢方薬やメディカルハーブなどの植物性の薬を使いながら、同時に、アロマトリートメントによるボディケアを導入することにしました。

診察室で②――Ｂ子さんの場合

「統合失調症の傾向」（幻覚や妄想《もうそう》、意欲の低下、自閉など）に悩み、通常の医療も受けた経験のある40代のB子さんは、薬の副作用もあっていろいろ調べるうちにホリスティック医療に興味を持つようになり、私のクリニックを受診されました。

実は、ＨＳＰの人の中には、B子さんのように統合失調症傾向の人も少なからずいらっしゃいます。

さて、B子さんのお話によると、統合失調症傾向の状態は20年ほど前の一時期、緊急の措置入院が必要になるほど強くなったこともあるけれど、その後は落ち着き、いまはまだ仕事には従事していないものの、それなりに安定して過ごせているとのことでした。

また、「いま思うと、当時は20代でまだアイデンティティの確立の途上にあったため、自信がなく、いわゆる自我の弱い状態だった」とのことで、それが混乱状態の原因であったと自己分析されているようでした。

おそらくこのような経緯からでしょう。B子さんは「自分は本当に統合失調症なのか」「もしそうであったとしても、どの程度重症なのか」ということを気にされていました。

また、B子さんは、このようなお話もされました。

「これは次第にわかってきたことですが、両親から経済的援助を受け続けていることで、自分はどうやら両親から早く治《なお》すようにというプレッシャーを受けていると感じています。それで、自分自身でも自分の状態をもう少し改善したいという思いはあるけれど、それ以上に、このまま医療を受けないままでいるのは両親の手前まずいと考え、せめてホリスティックな視点で対応してくれる医療機関に行って、治療を再開したことを両親に伝えることにしたのです」

このように、自分自身のことを客観的に判断することができ、それを人にわかるように伝えることもできる状態ですから、B子さんの気にしていた重症度についてはさほどではないこと、また、統合失調症傾向におけるポイントは「自我の脆弱性《ぜいじゃくせい》」という点ではないかという印象を受けました。

しかし、そのことよりも気になったのは、問診中に「人からどう思われるか」という内容のお話が何度も出てきたことです。とくに「音を立てると周囲の住民に嫌がられてしまう」「アパートの下の階の人におかしいと思われているんじゃないか」などの表現が繰り返されました。

このことから、B子さんには「過剰反応」の性格傾向があること、とくに音に対して敏感な「聴覚過敏」があり、そのことが大きな問題となっているのではないか、と考えました。

そこで、「騒音などで困ることはありませんか?」とお尋ねしたところ、「アパートの駐車場に出入りするバイクの音がうるさくて毎日困っています。一度、わざとエンジンをふかしてブォンブォンとすごい音をさせる人がいて、たまりかねて窓から注意をしようかと思ったことがあります。でも、そんな姿をご近所の方に見られてしまうと、どう思われるかわからないので、我慢しました」というエピソードを教えてくれました。

さらにもうひとつ気になったのは、「現実は幻想」というようなフレーズがたびたび出てきたことです。

Ｂ子さんは、自我の脆弱性を改善するために、当初は心理カウンセリングを受けていたけれど、次第に、いわゆる「スピリチュアル系」のカウンセリングに通うようになったとのことで、おそらくその影響であろうと思われました。

ＨＳＰの人は感覚が非常に秀《ひい》でているため、普通の人は感じ取れないような情報を受け取っています。そのため、いわゆる霊感のようなスピリチュアルな感覚を持つ人もいて、Ｂ子さんのような流れになる人も少なくありません。

本来、「スピリチュアル」という面はとても大事でホリスティック医学でも重視しています。しかし、現在流通しているものの多くは通称「スピ系」と呼ばれる、あまり質がよくないものという印象があります。

Ｂ子さんの「現実否定的」な発言から察するに、少なくともＢ子さんにはスピリチュアル系のカウンセリングは適しておらず、ホリスティックな視点に立った心理カウンセリングが必要だと感じました。

このように、人目をかなり気にすることや強い聴覚過敏のあることなどから、Ｂ子さんは統合失調症傾向であるとともに、「感覚が繊細すぎる」ＨＳＰ傾向でもあると判断しました。

Ｂ子さんは、とても繊細で生真面目《きまじめ》な性格であり、そのような生き方をしている方です。そのため、成果や利益などを重視する現在の日本のいわゆるスタンダードな人たちやそのやり方にうまく合わせることができず、さまざまな苦労が生じているのだと思います。

あとのほうの項目で詳しく説明していますが、実は最近の研究によって、聴覚過敏の人はストレスに対して弱い傾向にあることがわかってきました。

このことからも、Ｂ子さんの症状や苦痛の多くは、聴覚に代表されるような感覚の過敏性に関係した問題であったことは十分に頷《うなず》けます。ということは、ＨＳＰが先天的なものであることを考えるならば、統合失調症傾向は聴覚過敏によってもたらされた可能性もあります。

Ｂ子さんに対しては、心理療法による心へのアプローチと、自律神経の視点からＬＰＰ（リスニング・プロジェクト・プロトコル）という聴覚を刺激する療法など身体へのアプローチも検討し、心身両面から治療に取り組むことにしました。

日本でHSPのことが知られるようになったのはここ5～6年ですが、もっと以前に、B子さんが混乱状態に陥《おちい》って入院を余儀なくされた20年前にHSPのことがわかっていれば、B子さんはこれほど苦しむことのないもっと違う人生を歩まれていたかもしれません。

敏感力にも個性

Aさんも B子さんも典型的なHSP気質、つまり敏感力のきわめて高い人たちです。しかし、読んでいただければわかるように、際立って敏感な部分には個人差があります。「はじめに」でも書いたように、HSPはその人の持って生まれた「気質・キャラクター」であり「個性」ですから、同じ「HSP気質」であってもひとりひとり状態は異なります。

とはいえ、HSPという共通の気質を持っているゆえに、たとえば、些細《ささい》なことでクヨクヨ思い悩んだり、周囲に振りまわされたりしやすいなど、思考や行動パターンに似た傾向が見られます。そして、世の中の主流である非HSPの人たちとの感覚や価値観のずれなどから「つらい」「苦しい」と感じることが多いという共通点があります。

HSPは病気ではありませんから、「治す」ようなものではありません。しかし、生きづらさを感じているのであれば、放っておくわけにもいきません。

たとえば、ＨＳＰの人は神経過敏ゆえに、心配性だったり完璧主義者だったりする人が少なくありません。そのため、ＨＳＰではない人にとっては「ちょっとしたトラブル」程度のことであっても、重大事に感じて不安が強くなったりします。

そうして毎日のように何かを心配したり、気にかけたりしているため、心が疲れて「うつ」や「神経症」などの精神疾患《しっかん》になりやすい傾向があります。そうなる前に手を打つべきです。


では、病気ではなく個性であるＨＳＰに対して、どのようにアプローチをしていくべきでしょうか。

大切なことは、まずＨＳＰという気質について正しく理解し、そういう気質を持つ自分のことを受け入れることです。そして、そういう自分とどのようにつきあっていくかを考え、それをひとつずつ実践していくことです。

そうして、**ＨＳＰ気質であっても生きやすいように意識や環境、行動などをシフトしていくことで、ＨＳＰ気質による苦痛が弱まり、それにともなって人生も生きやすく変わっていきます。**

実際にも、たとえば、前出の症例Aさんは自分自身についてホリスティックな視点から認識するようになったことで、自分の抱えている課題を理解し、そういう課題を抱えた自分が社会にうまく適応していくやり方・生き方を見つけて、社員として勤務を続けておられます。

また、B子さんも、心身の状態がかなり安定され、最近では「そろそろ仕事をしたい」という相談を受ける状況にまで改善されています。

繰り返しますが、そのようにマイノリティのHSPであっても社会の中に溶けこんで前向きに生きていくには、HSPという気質を受け入れたうえで、よりよく生きられる方法を考え、実践していくことが大切です。

まずHSPとはどのような気質であり、どのような特徴があるのかについて、説明していきます。

HSPかどうかを知るチェックリスト

ホリスティック医療における診察でもっとも基本になるのは問診です。いわゆる「聞き取り」ですが、初診の患者さんに対しては、お話をうかがう前に必ず「質問紙法ＣＭＩ」をおこないます。

これはアメリカのコーネル大学が作成した心身両面にわたる健康調査票で、身体だけでなく心の面も聞くことができるのが特徴です。

心に関する質問では、「うつ傾向」など結果としてあらわれている症状だけでなく、たとえば「心配性である」とか「過剰に反応する」とか「緊張しやすい」などのように、原因となる「性格傾向」も把握することができます。

したがって、ＨＳＰかどうかを判断するための指標としてもおおいに有効です。アーロン博士の提唱するＨＳＰのチェックリストもありますが、私はＣＭＩのほうを採用しています。

ＣＭＩの中からＨＳＰの判断基準となるものをピックアップしてご紹介しますので、試してみてください。

ＨＳＰチェックリスト

ＣＭＩ健康調査票（阿部変法）より抜粋

・**ひどくはにかみやか、または神経過敏なたちですか**　　はい　いいえ

・家族には、ひどいはにかみやか、神経過敏な人が多いですか　はい　いいえ
・感情を害しやすいですか　はい　いいえ
・人から批判されるとすぐ心が乱されますか　はい　いいえ
・人から神経過敏な人間だと思われていますか　はい　いいえ
・人からいつも誤解されますか　はい　いいえ
・試験のときや緊張したときに、ひどく汗をかいたり、ふるえたりしますか　はい　いいえ
・目上の人に接すると、とても緊張してふるえそうになりますか　はい　いいえ
・目上の人が見ていると、仕事がさっぱりできなくなりますか　はい　いいえ
・物事を急いでしなければならないときには頭が混乱しますか　はい　いいえ
・心を一つのことに集中できませんか　はい　いいえ
・少しでも急ぐと誤りをしやすいですか　はい　いいえ
・いつも指図や命令をとりちがえますか　はい　いいえ
・見知らぬ人に会ったり知らない場所に行くと心配になりますか　はい　いいえ
・そばに知った人がいないでひとりになるとこわいですか　はい　いいえ
・いつも決心がつきかねますか　はい　いいえ
・劣等感が強いですか　はい　いいえ

・いつもそばに相談相手がほしいですか　はい　いいえ
・あなたは人から気がつかない不器用な人間だと思われていますか　はい　いいえ
・よそで食事をするのが苦になりますか　はい　いいえ
・細かいことによく気がつきますか　はい　いいえ
・几帳面なほうですか　はい　いいえ
・きれい好きですか　はい　いいえ
・何でも完全にしないと気がすみませんか　はい　いいえ
・戸締り・火の後始末など何回も確かめるほうですか　はい　いいえ
・手紙など何回も書き直したり、読み返したりしないと気がすみませんか　はい　いいえ
・ちょっとしたことがすべて気にさわって気疲れしますか　はい　いいえ
・人から神経質だと思われていますか　はい　いいえ
・嬉しかったり、悲しかったりするとき非常に大袈裟に表すほうですか　はい　いいえ

［評価］

質問のうち半分以上に「はい」と答えた人は、ＨＳＰである可能性が高いといえます。

しかし、まだ確定ではありません。

実は、HSPの人には必ず備わっているとされる4つの特徴があります。チェックリストによって「HSPの可能性あり」とわかった人は、さらに4つの特徴に当てはまるかどうかを判断してください。

「DOES」4つの特徴

「はじめに」でもいいましたが、日本人の多くはそれなりに人に気をつかって生きています。ですから、先ほどのチェックリストの半分以上に該当したという人も少なくないのではないかと思います。

しかし、それだけではまだ「それなりに気づかいのできる人」の範疇《はんちゅう》です。HSPはそのレベルより、もっと敏感でもっと繊細な感受性の持ち主です。

アーロン博士は、そのようなHSPの人には通称「DOES（ダズ）」と呼ばれる4つの特徴があると提唱しています。

D：Depth of processing（処理の深さ）……HSPは、情報を通常よりもはるかに深く、なおかつ徹底的に処理している。わかりやすくいえば、**何でも深く掘り下げて考え、理解**

しようとする。それは、神経システム（主に脳の神経細胞のネットワーク）の働きの違いによるもの。つまり、ＨＳＰは非ＨＳＰより神経システムが高度に機能している。

先に述べたように、ＨＳＰの人は生物が生き延びるために危険を察知する役割を担っています。そのため、「これをやって大丈夫か」「ほかにいい方法はないのか」などと常にいろいろな可能性を探っては考え、迷い、そして慎重に対処します。

そうした姿勢が「優柔不断」「決断力がない」などのマイナス評価につながってしまうことも珍しくありません。

また、ＨＳＰの人は脳の神経システムが発達しており、知的能力の水準も高い傾向があります。その一方で、脳が常にたくさんの情報を高度なレベルで処理しているため、疲れやすかったり、ひとつのことを長く集中しておこなうことが苦手だったりします。

O：Overstimulated（過剰に刺激を受けやすい）……五感（視覚・聴覚・嗅覚・味覚・触覚）や、周囲の人の感情や雰囲気から受ける刺激が、ＨＳＰではない人に比べてきわめて強い。音、光、臭いなど、さまざまな刺激のうちとくに敏感に反応する対象は個人差があるものの、感覚的に敏感であるゆえに**心身ともに疲れやすく、不機嫌や体調不良などにつ**

DOES
（ダズ）
4つある人がHSP……
D
深く掘り下げる理解したい
O
臭っ…
刺激に敏感すぎて疲れる
E
ホロリ…
共感、感情移入をしやすい
S
この人本心と違う…
を
イイネ！
気づきすぎて気苦労

ながりやすい。また、嫌なことでなく、楽しいことでも刺激が強すぎると疲れてしまう。

五感が鋭敏なので、周囲の音や臭い、光などが気になりはじめると、集中できなくなったり、落ち着かなくなったりします。また、人の気配や視線を高感度でキャッチするため、人に見られていると緊張して、普段通りの力を発揮できなかったりミスをしたりします。

Ｅ：**Emotional reactivity and high Empathy（感情の反応が強く、共感性が高い）**……神経細胞「ミラーニューロン（共感の働きを持つとされる脳内の神経細胞のこと。自分とは別の人の行動を見て、まるで自身がその行動をとっているかのように追体験《つい》しようとする「鏡」のような働きを持つことから名づけられた。たとえば、もらい泣きするのもミラーニューロンの作用と考えられている）」の機能が人一倍発達しており、**共感力が高く感情移入しやすい**。そのため、ほかの人の問題を自分の問題として同一視しやすい面があるなど、自分と他者との境界線が薄い。

ＨＳＰの４つの特徴のうちでも、もっとも象徴的といえるのがこれです。たとえば、「ほかの人が怒られているのを見ると、自分が怒られているように感じて心が疲れてしまう」

これはHSPの人によくあるケースです。このように、HSPの人は、ほかの人の身に起こっていることも自分のこととして感じ取ってしまうため、否《いや》が応でも人一倍疲れることになってしまいます。しかも、感覚が鋭すぎるゆえに、実際には「ちょっと注意されている」程度であっても、「こっぴどく叱られている」レベルにまで感じてしまい、なおさら「たいへんなことになった！」と慌てふためき、結果、疲れることになります。

そのため、HSPの人には、オフィス勤務が苦痛で耐えられず退職してしまうということも少なくありません。

また、過去と現在の境界線も薄いため、過去の出来事を思い出してはくよくよと考え、いつまでも思い悩んだりします。

S：Sensitivity to Subtle stimuli（些細な刺激を察知する）……人や環境の小さな変化にも敏感なため、**相手の細かい意図にも気づきやすい**。無意識あるいは半無意識の状態でも些細な情報を処理できる能力から、しばしば「第六感」や「ギフテッド」（高い知性や精神性）を持っているように見えることもある。

相手の表情やしぐさ、声のトーンなどから、相手の本心に気づきます。HSPでもきわめて高感度の人の中には、相手が言葉を発していなくても心の声をキャッチできたりすることもあります。そのため、たとえば「口ではほめているけれど、本当は何か下心があるのでは。この人はあまり信用できないかもしれない」と疑心暗鬼になってしまうなど、人間関係に疲れたり、苦労したりすることがあります。

このように、4つの特徴をあらわすそれぞれの英語の頭文字をとって「DOES」というわけです。

アーロン博士は、**これら4つの特徴のうちひとつでも当てはまらない人はHSPではない**と述べています。つまり、4つすべてを備えていてはじめてHSPといえるわけで、DOESはそのままHSPの定義といえます。

したがって、「3つは当てはまるんだけど」という人は、「普通よりはちょっと敏感だけどHSPのレベルではない」ということになります。

とはいえ、4つの特徴がどれも同じようにあらわれるというわけではありません。たとえば、「チクチクする洋服は着られない」という人が涙もろいとは限りませんし、人の声に敏感な人は人間関係で必ず苦労すると決まっているわけでもありません。

ひとくちに「ＨＳＰ気質の人」といっても、ひとりひとり凹凸が違います。「ＨＳＰは個性」といいましたが、実際には「個性の一部」であり、その人すべてをあらわすものではありません。

ですから、もしあなたが「ＨＳＰ気質」だとしても、それはあくまであなたの一面にすぎません。そして、その一面を「短所」ではなく「長所」にするのも、あなた自身です。

歩く超高感度センサー

ＨＳＰの４つの特徴ＤＯＥＳについて見てきました。ＨＳＰの人はいわば「歩く超高感度センサー」のような存在です。日常生活の中でさまざまな刺激を強く受けてしまうので、それだけストレスを感じやすく、精神的に消耗して不眠や疲労など身体的な症状もあらわれやすくなります。

そのような「眠れない」「疲れやすい」あるいは「気分が落ちこむ」「自信を持てない」などの状態はうつ病の症状と似ているため、ＨＳＰとは気づかず「自分はうつ病かもしれない」と考える人もいます。

しかし、**ＨＳＰとうつ病とは、医学的にまったく異なるもの**と考えられています。ＨＳ

Ｐはその人の気質であり先天的なものですが、うつ病は、主に人間関係や環境などに由来するストレスによって発症する後天的な病気です。

とはいえ、ＨＳＰの人はストレス過多になりやすいため、うつ病を発症するリスクがそうでない人と比べると高いといわれています。

また、前出の症例Ｂ子さんのように統合失調症になりやすい気質を持つ人は、ＨＳＰの敏感さがきっかけで発症してしまうこともありますし、そのような気質がとくになくても「全般性不安障害」などの精神疾患になったり、引きこもり状態に陥ってしまう人もいます。

ですから、ＨＳＰであることに早く気づき、ストレスに対して早めに対処することは、心の健康を守るうえでとても重要です。

第六感で危険を察知する

ＨＳＰの４つの特徴のうち「Ｓ」の項目で、「ＨＳＰは『第六感』や『ギフテッド』を持っているように見えることがある」といいました。実際、霊能力者などスピリチュアル的な感覚の持ち主にはＨＳＰ傾向の人が少なくありません。

おそらく鋭敏できわめて繊細なため、非ＨＳＰには見えなかったり聞こえなかったり感じなかったりするような、ごく微細な感覚データも感知できるのでしょう。

ＨＳＰの人は、このような「特別な能力」があるために、周囲から「変わった人」と見られることもあります。

ですが、決してマイナス要素ではありません。むしろ、ＨＳＰのこうした特性は**「生き物としての生き残りに必要な能力であり、生存戦略のひとつ」**といわれるほどです。

実は、ＨＳＰの特性は人間だけでなく犬や猫、魚、鳥、昆虫など１００種以上の生物に見られることが確認されており、いずれも約20％の割合で存在しているといわれます。これは大きなポイントです。

多くの生物にこうした「非常に敏感で繊細なタイプ」が約２割存在している理由として、残りの８割は気づかないような環境の変化や危険などをいち早く感知し、隠れた脅威《きょうい》に反応することで、集団全体が危険にさらされる前に警鐘《けいしょう》を鳴らすという「危険察知・喚起の役割」を担《にな》うものが必要だからだ、と考えられています。

ということは、大げさないい方をすると、ＨＳＰはその種族の救世主のような存在であり、たとえば、モーセやイエス・キリスト、卑弥呼《ひみこ》や聖徳太子などもＨＳＰだった可能性があると考えられるのです。

さらに、DOESの「D」と「E」の項目でお話ししたように、HSPの気質は脳の神経機能の発達によるものであり、それゆえ、HSPには知的レベルの高い人が多いという特徴もあります。

HSPの人には敏感すぎるゆえに完璧主義の人が多く、それゆえ自己否定感の強い人が少なくありません。ですが、ここまでお伝えしてきたように、その能力は実は天からの大きな贈り物であり、環境さえ整えば大きなメリットであり武器となるものです。

「気質」は先天的なもの、「生きづらさ」は後天的なもの

HSPの敏感さや繊細さは、「気質」という先天的なものですが、遺伝するかどうかはまだよくわかっていません。ですが、この気質は決して病気ではありませんから、遺伝的なものかどうかは、さほど気にする必要はないと思います。

それよりも重要なのは、**HSPの人は生まれたときからHSP**だということ。これはすなわち、子どもの5人に1人はHSP気質だということを意味します（ちなみに、アーロン博士は、HSPの気質を持つ子どものことを「HSC」＝Highly Sensitive Child：ハイリー・

センシティブ・チャイルド＝と名づけています。本書ではあえて区別せず「ＨＳＰの子ども」と表記します）。

しかし、**ＨＳＰの子どもの多くは、「ＨＳＰによる生きづらさ」をあまり感じることなく成長します**。親はたいてい「うちの子はちょっと変わってるところがあるのかな」と思っても、「まあ、そういう子なんだ」とそのまま受け入れます。

また、学生時代のうちはそれなりに自分のペースで勉強することができますし、気の合う友だちを選ぶこともできます。ですから、多くの場合、ＨＳＰ気質であっても子どものうちはそれほど困ったり悩んだりせずにすむため、そういう自分の気質に気づかずに大人になっていきます。

ですから、もしも小さい頃から「生きづらさ」を感じていたり「自分はほかの子よりダメなんだ」と強い自己否定感を持っていたりするとしたら、それは、親の態度や家庭環境あるいは先生や友人を含む学校の環境などによって後天的に植えつけられたものです。

たとえば、親もＨＳＰという家庭であれば、ＨＳＰの子どもは自分の繊細さをとくにおかしいとは感じにくいものです。あるいは、おおらかな家族ばかりの穏《おだ》やかな家庭であっても、おそらくＨＳＰの子は神経がささくれ立つような目にあうこともなく健《すこ》やかに育っていけるでしょう。

ですが、たとえば、親が子どもに過剰な期待をして「どうしてあなたはこんなこともできないの！」などと精神的に追い詰めていたり、それとは逆に子どもの面倒をろくに見ずに育児放棄をしていたり、あるいは両親のケンカが絶えないような荒々しい家庭環境では、HSPではない子どもでもつらいもの。まして、敏感力のきわめて高いHSPの子どもであれば、精神的にまいってしまいます。そうして、

「親が自分を愛してくれないのは自分が悪いからだ」

「うちの家がこんなになっているのは自分のせいだ」

というふうに自然に自分を責めるようになり、自己否定感がどんどん強くなっていきます。また、毎日、親の顔色を読み、機嫌をうかがいながら過ごすうちに、他人の気持ちを先まわりして行動したり忖度《そんたく》したりするクセがつき、人間関係を構築することがどんどん苦手になっていったりします。


さらによくないのは、親が「あなたはおかしい」「普通じゃない」と子どもを責めてしまうことです。

たとえば、HSPの子は、普通の子であれば気づかないようなこと、感じないようなこ

とも感じ取る能力があります。そのため、空想の世界で友だちと遊んでいたりすることもあります。

そのような様子を見て、「この子は頭がおかしい」と親が誤解することもあります。しかし、親にそのようにいわれると、子どもは大きな精神的ダメージを受けトラウマを抱えることになります。

また、ＨＳＰの子どもには、「大きな音やまぶしい光など強い刺激に悩まされる」「周りの子たちとうまくつきあえず、ひとりでいることが多い」という特徴があります。これらは「発達障害」「不安障害」の特徴と類似していることから、「うちの子にはなんらかの障害があるのでは」と誤解した親が病院へ連れていき、そのまま発達障害として誤診されるケースもあります。

このように、ＨＳＰの気質は生まれ持ったものですが、それが「自分の悪いところ」「短所」あるいは「障害」になるのは、あくまで環境によるものです。

ＨＳＰに気づくのはたいてい社会人になってから

さて、**ＨＳＰであることを意識することなく育ってきた人たちが、その気質に苦しみ生**

きづらさを感じるようになるのは、たいてい就職がきっかけです。

たとえば、就職して間もない新入社員のうちは仕事に慣れていないため、誰しも「ついミスをして上司に叱られる」という経験をするものです。そうやって周りに仕事を教わり精神的にも鍛えられながらキャリアを積み、一人前の社会人として通用するようになっていきます。

しかし、ＨＳＰの人は他人の言動を高感度にキャッチしてしまうため、ちょっとした注意も必要以上に心に刺さって凹んでしまいます。まして、少し厳しく叱責されようものなら、上司の怒鳴り声に怯《おび》えてその場で凍りついたようになってしまいます。

しかも、前の項目でも書いたように、ＨＳＰの人はほかの人が叱られていても自分が叱られているように感じます。そのため、たくさんの人が働き、それだけトラブルも起こりやすい職場では、人の何倍も疲れることになります。

みんなが意見を述べあう会議も、ＨＳＰの人にとってはつらい時間です。議論が伯仲《はくちゅう》するとケンカをしているように感じてしまうため、いたたまれない気持ちになってビクビクしながらひたすらじっと耐えることになります。

ところが、会議が終わると、今度は「何も意見をいわずにいた自分は役立たずではないか」と思えてきて、ひどく落ちこんでしまったりするのです。

意見
…
意見
私は役立たず…
いたたまれない……

また、オフィスでは、たとえば事務作業をしながら電話をとり、その内容をメモして上司に引きつぐとか、上司から「先にこれをやって」と割りこみの仕事を頼まれるとか、臨機応変な対応を求められることがしばしば起こります。

ところが、ＨＳＰの人は一度にいろいろなことを処理するのが苦手です。にもかかわらず、人に何かを頼まれると「相手は困っている」と相手の気持ちに同調するため、断ることができません。そうして、自分の苦手なことや能力以上のことを抱えこんでは、「どうして引き受けてしまったんだろう」といつまでも思い悩み、なおさら自分を追いこむことになってしまいます。

このようなことが積み重なることで、

「自分はどうしてみんなができることができないのだろう」

「自分は人より劣っているのかもしれない」

「自分はみんなのお荷物になっている」

と、悪いほうへ悪いほうへと考えて劣等感がどんどん強くなり、やがて、

「自分はダメな人間だ」

という自己否定感に四六時中とらわれるようになり、脳は過労状態で慢性的な疲れを感

じるようになります。

そうして、うつのような状態になったり、出勤することがむずかしくなったりするなどして、心療内科を訪れ、はじめて自分のＨＳＰという気質に気づくというケースが多いようです。ＨＳＰ傾向で私のクリニックを受診される方も、20代、30代が中心です。

世の中がこれほど能率やスピードを求める時代でなかった頃は、おそらくＨＳＰの人たちももう少し生きやすかったのではないでしょうか。

近年になってＨＳＰが注目されるようになったのは、情報化・グローバル化が急速に進み、それにともなって競争化・組織化が進んだことで、ＨＳＰによる生きにくさを実感する人たちが増えたからではないかと思います。

また、地方より都会のほうが騒音も競争も激しく、それだけＨＳＰに苦しむ人も多いのではないでしょうか。

年齢や経験がつらさを埋めてくれる

ＨＳＰの気質にもっとも苦しむのは20代、30代ですが、それを過ぎて中高年の年代にな

ってくると、次第に生きづらさは解消されていきます。

ひとつには、誰しも年をとると感覚が鈍くなることがあります。ＨＳＰの人もある程度の年を重ねると、若い頃のように鋭敏ではなくなってきます。

また、そのぐらいの年齢になる頃には、敏感力の高い自分とうまくつきあう方法を多少なりとも会得《えとく》することができている、ということもあります。

ですから、ＨＳＰ気質がそれほど深刻でない方なら、とくに何もしなくても、時間が解決してくれるでしょう。

ですが、たとえば「会社に行くのがつらい」とか「人混みがつらい」とか社会生活に支障をきたしそうなほどＨＳＰ気質で悩んでいる人は、早めに対処することをおすすめします。

この気質とうまくつきあえない苦しみから精神疾患を発症してしまうことがあるのは、すでにお伝えしてきた通りです。

ＨＳＳ（刺激追求型）の人もいる

きわめて敏感で傷つきやすいＨＳＰの人たちは、基本的に内向的で静かな生活を好みます。

ところが、ＨＳＰでありながらも、一見、そうは思えないような外向的で社交的なタイプの人たちが存在するといわれています。

ＨＳＳ（High Sensation Seeking）とは「刺激追求型」気質のことで、「好奇心旺盛で、新たな経験や情報を求めてどんどん外に出て、人との関わりを持とうとする」タイプです。いってみれば、ＨＳＰとは真逆の気質ですが、ＨＳＰの約30％（全人口の６％）が、こうしたＨＳＳの気質も併《あわ》せ持つ「ＨＳＳ型のＨＳＰ」だとされます。たとえば、「新しい情報や自分の知らない世界に好奇心があって、積極的に外出して人と関わるけれど、敏感で繊細なので打たれ弱く、傷ついてばかりいる」

このような人たちです。

つまり、ハイパーセンシティブで打たれ弱いにもかかわらず、突っこんでいくので相手からバシッと拒否されることも多々あり、そのたびにひどく傷ついてしまうのです。あえて玉砕《ぎょくさい》しにいっているようなもので、激烈な生き方になってしまう分、ＨＳＰ単独気質の人よりも生きづらいといえるかもしれません。

また、周りからすれば「どうしてそこでいくかな。やめておけばいいのに」と思うような場面でも首を突っこんでしまうため、逆に、鈍感で図々しいタイプに見られてしまい、

「自分はそうじゃないのに」という葛藤《かっとう》に悩んでしまうこともあります。ほかにも、

・刺激は求めるけど、外に出ると疲れる
・やる気満々だけど、飽きっぽいのでゴールまでたどり着けないことが多い
・おもしろそうと思って申しこむのに、直前になると面倒になってドタキャンすることがある
・傍《はた》から見ると元気で外向的で社交的だが、本当は違う
・人とすぐに仲よくなるけど、しばらくすると距離ができる
・好奇心は強いが、警戒心も強い
・アクティブなのに、人一倍繊細で臆病《おくびょう》

このように、しばしばアクセルとブレーキを同時に踏んでいるような感覚に陥り、自分でも嫌になったり、疲れを感じたりしてしまうことがあるのもＨＳＳ型ＨＳＰの特徴のひとつです。

内向的なＨＳＰの人よりも、外向的なＨＳＳ型ＨＳＰの人のほうが、より生きにくさや疲れやすさを感じているかもしれません。

自分はＨＳＳ型ＨＳＰだと感じる人は、このあとの章で心のメンテナンス法を紹介していますので、疲れをためすぎないうちにケアをしてください。

人間関係が苦手でトラウマになりやすい

「ＨＳＰの４つの特徴」の項目でお話ししたように、ＨＳＰの人は、周囲の人は感じないような些細な刺激も敏感にキャッチし、しかもひとつひとつの刺激を過剰に感じ取りやすく、さらにそのことを深く考察し何度も繰り返し考える傾向のあることから、ＰＴＳＤ（心的外傷後ストレス障害）を持っている人も少なくありません。

ＰＴＳＤとは、戦争や震災、交通事故、あるいは性的犯罪や虐待《ぎゃくたい》など強烈なショック体験をしたことで強い精神的ストレスを受け、それがトラウマ（心的外傷＝外的内的要因によって肉体的および精神的な障害を受けたことで、長い間それにとらわれてしまう状態）となって時間が経ってからもその経験に対して強い恐怖を感じるなど、日常生活に支障をきたすほど強く不快な反応のことです。

具体的には、原因となったトラウマ体験が自分の意思《いし》と関係なく繰り返し思い出されたり（フラッシュバック）、夢に見たりします。

また、トラウマ体験を思い出すような状況や場面を意識的あるいは無意識に避けるようになります（回避）。

さらに、ちょっとしたことで驚いたり怒ったり、急に涙ぐんだり、落ち着きがなくなったりするなど感情のコントロールがむずかしくなるほか、不眠や集中困難、罪悪感《ざいあくかん》や疎外《そがい》感《かん》を抱くようになることもあります（過感覚）。

こうした症状が、出来事の直後から出て1ヵ月未満で消失するものを「急性ストレス障害」といいますが、1ヵ月以上持続し、自覚的な苦悩や社会機能の障害が認められた場合、PTSDと診断されます。つまり、トラウマ症状に慢性的に悩まされている状態がPTSDです。

さて、繰り返しますがPTSDの原因は震災や事故のような圧倒的な体験です。ところがHSPの人は、そのような体験をしていないにもかかわらず、PTSDを持っていることが少なくありません。

HSPの人はどのようにしてPTSDの状態になっていくのか、そのメカニズムが最近になってわかってきました。

恐怖を感じる神経回路が敏感

ＨＳＰの人は、たとえば仕事でミスをして上司に怒鳴られたりすると、身体がすくんでその場に凍りついたようになることがあります。恐怖のあまり身体がフリーズしてしまうのです。

誰しも急に怒鳴られたりすれば、一瞬ビクッとすることはあります。ですが、そのまま動けなくなってしまうというのは、そうあることではありません。

ＨＳＰの人たちは感度が高いため、上司の怒鳴り声のようなちょっとした刺激も現実以上の脅威《きょうい》ととらえ、人の何倍もの恐怖を覚えてしまうのです。

実は、脅威を感じると身体が硬直して凍りついたようになってしまうというのは、動物に備わっている本能的な行動です。

たとえば、テレビのドキュメンタリー番組などで、ライオンやチーターの気配を察知した小動物が一瞬ピタッと動きを止めたあと、猛ダッシュで逃げ出すものの追い詰められてしまい、いよいよやられてしまうというときに、急にコロンと倒れてじっと動かなくなる、という映像を見たことのある人もいると思います。

この小動物の一連の反応は、自律神経の働きによるものです。自律神経は、内臓の働きや代謝、体温などの体内機能を調整し、環境に対応している神経ですが、もっとも重要な働きは、危機に直面したときに対処して生き延びることです。

人間を含め動物には、恐怖をともなう出来事つまり危機的状況に遭遇すると、危険を判断する脳の扁桃体《へんとうたい》がすぐさま指令を出し、自律神経による防御反応が起こるようプログラミングされています。

ただし、危機に対応するためのプログラムはいくつかあり、危機のレベル（日常的な軽度のレベルから命に関わるような重度のレベルまで）に応じて稼働するプログラムも異なります。そして、凍りついたようになってしまうのは、実は「いよいよダメだ」という最終段階で稼働する最大の防衛反応プログラムなのです。

それでは、なぜＨＳＰの人は、上司に叱られるという日常的な危機レベルに対して、最大の防衛反応が起きてしまうのでしょうか。

次に、ＨＳＰの人の性格傾向や志向傾向について見ていきましょう。

第2章　ＨＳＰ的自分のイメージを変える法

自律神経は3つある！「ポリヴェーガル理論」

近年、自律神経に関する見方が大きく変わりつつあります。その新しい見方に基づくと、HSPの人に起こっていることも容易に説明がつきます。

これまで、自律神経には、身体を緊張モードにする「交感神経」とリラックスモードにする「副交感神経」の2つの神経があり、それぞれバランスを取りながら働いていると考えられてきました。

しかし、最近、副交感神経は複数あると提唱するアメリカのポージェス博士の**「ポリヴェーガル理論」**が登場し、注目を集めています。

ポリは「複数（多重）」、ヴェーガルは「迷走神経」を指す英語で、ポリヴェーガルとは「複数（多重）の迷走神経」という意味です。

迷走神経は、首からお腹まで広く分布し、肺や心臓をはじめとして多くの臓器に影響を与えている神経ネットワークで、その大半は副交感神経です。

この迷走神経には起点を別にする「背側《はいそく》迷走神経」と「腹側《ふくそく》迷走神経」の主に2種類が

新しい自律神経の見方～ポリヴェーガル理論

（『「ポリヴェーガル理論」を読む』津田真人、星和書店より一部改変）

	Ⅰ 不動化システム（受動的コーピング）	Ⅱ 可動化システム（能動的コーピング）	Ⅲ 社会的関与システム（フェイス・トゥ・フェイス）
神経系	背側迷走神経複合体 （無髄の迷走神経）	交感神経系 視床下部・下垂体・副腎系(HPA軸）	腹側迷走神経複合体 （有髄の迷走神経）
系統発生	軟骨魚類以降のほぼすべての脊椎動物（爬虫類までは適応的）	硬骨魚類（ふつうの魚）以降	哺乳類以降
反応戦略	生の脅威への反応	危険への反応	安全への反応
生理反応	心拍数・気管支（－） 胃腸(＋)	心拍数・気管支・血管収縮・発汗・副腎髄質（＋） 胃腸（－）	心拍数・気管支（＋／－） 発声・表情筋（＋／－）
情動反応	凍りつき反応（シャットダウン、死んだふり、血管迷走神経性の失神）	闘うか逃げるか反応	社会的コミュニケーション、社会的行動
	防衛的行動		向社会的行動
下位運動ニューロン	迷走神経背側運動核（延髄）	脊髄	疑核（延髄）

あり、それぞれ異なる働きがあります。このことに着目し「**自律神経は交感神経を含めた3種類であり、これら3つが補完しあいながら、自己調整し環境に適応できるよう働いている**」とするのがポリヴェーガル理論の考え方です。

さらに、ポリヴェーガル理論では、３種類の神経はそれぞれ生命の進化の異なる段階で発達しており、それが動物と人間とを分けていると説明しています。

３つの神経のうち、古くからあるのが主に背中側に存在する**背側迷走神経**で、硬骨魚類以降のすべての脊椎《せきつい》動物にあり、睡眠や消化、排泄など生物の根源的な働きをつかさどっています。そして、同時に全身に分布する**交感神経**は硬骨魚類以降の動物の可動化のための神経であり、そしてもっとも新しいのが顔から胸部にかけて分布している**腹側迷走神経**で、哺乳類以降が持つ神経といわれています。

背側迷走神経の生き残り作戦

さて、危険を察知すると、３つの自律神経のうちまず交感神経のスイッチがオンになり、脈拍が増え、血圧が一気に上昇し、体は一瞬で緊張状態になります。これは、敵に対して「闘うか、逃げるか」の準備をするためです。

どちらを選んだとしても、身体はすぐに動ける状態でなければなりません。そのため、筋肉がすぐに使えるよう、心拍数や血圧を上げて筋肉にエネルギーを運ぶ血液の量を増やす必要があるのです。

しかし、ライオンやチーターの気配を察知した小動物のように、もはや闘うことも逃げることもできず「死」という「究極の危機的状況」に直面すると、緊張度は心身の限界にまで達してしまい、「これ以上はない」という状態になります。

すると、自律神経のスイッチがいきなり切り替わり、交感神経がオフになって副交感神経が作動します。すると、一瞬前まで交感神経によって急上昇していた心拍数と血圧は一気に低下し、脳への血流量も激減するため、思考や判断能力は停止状態になります。

そのため、意識を失ったり、動けなくなる「凍りつき反応」が起こったりするのです。

これは「前失神状態（擬死《ぎし》）」といって、一般的に「死んだふり」と呼ばれているもの。動きを抑えることで自分の存在感を消し、不快な状況を乗り切ろうという防御反応の一種ですが、「これが最後の手段」「これでダメならもうどうにもならない」という最終兵器のようなものです。

この生命にとって最大級の危機的状況の中で働いているのが、副交感神経でも古いほうの背側迷走神経です。死んだふりは、原始レベルの最後の生き残り作戦というわけです。

3つめの神経回路の働き

現代社会で生きる私たちが凍りついたように動けなくなるのは、たとえば、森でクマに遭遇するとか、曲がり角で車と鉢合わせするとか、大震災や犯罪被害に巻きこまれるとか、たいていは非日常的で特別に恐ろしい体験をしたときです。

しかし、普段の生活の中で出会う危険というのは、たとえば、上司に叱られるとか友だちとケンカするとか人間関係のちょっとしたトラブルが主流です。そして、上司に怒鳴られればそれなりにショックは受けるでしょうが、命を取られるわけではありませんから、闘ったり逃げ出したりするようなことは、まずしません。ましてや、凍りついたり、失神したりなどということは、そうそうあることではありません。

このような通常の社会生活を送るうえで日常的に体験する「軽度の危機」が起こったとき、多くの人は、相手とのコミュニケーションをうまく取ることで対処しようとします。具体的には、相手のいい分をよく聞いたり、相手の表情や仕草などから「微笑むか、神妙な面持《おもも》ちになるか」を判断したり、目を合わせながら誠実に話をしたりします。

たとえば、見知らぬ人とすれ違いざまに肩がぶつかったりしたときにも、お互いに軽く会釈をするとか、「あ、すみません」とひとこと発するだけで、トラブルにならずにすみます。

つまり、普段の生活における軽度の危機に対処するのに必要なのは、社会的コミュニケーションに欠かせない聴《き》く・見る・話すなどの機能をつかさどる神経です。そして、これらの機能を中心的に担《にな》っているのが、副交感神経のうち新しいほうの腹側迷走神経です。

腹側迷走神経は、顔面神経や聴神経などと連動して「腹側迷走神経複合体」を形成し、表情筋や声帯、顎《あご》、喉頭《こうとう》などの運動や知覚などを支配しています。つまり、**腹側迷走神経複合体が働くことで、豊かな表情をつくったり、人の話をよく聴いたり、目を合わせて話したり、声のトーンを調節したりすることができるようになり、結果、人との関係をスムーズに築くことができます。**

人間は社会的動物といわれますが、これを可能にしているのが社会との関与をうながす腹側迷走神経複合体です。先ほども触れましたが、これは人間が進化の過程で獲得したもっとも新しい神経系で、人間関係や社会関係をつかさどる神経であることから「社会神経（系）」とも呼ばれます。

社会性を養う腹側迷走神経が働いていれば、ストレスやつらいことがあっても、たとえば誰かにグチを聞いてもらうとか相談するなど、人とのコミュニケーションによって、緊張がほぐれたり気持ちが楽になったりして、ストレスを解消しやすくなります。

また、腹側迷走神経は、交感神経が働いて心身が緊張したときに、交感神経を緩《ゆる》やかに抑えるブレーキとしての役割を担っています。

たとえば、「もしかしたらこれは危機かもしれない」という状況に遭遇したとき、その危険度がわかるまでは交感神経にブレーキをかけておき、危機であることがわかった時点でブレーキを緩め、交感神経による闘うか逃げるかの防衛反応を発動させます。

上司に叱られるという危機的状況で闘いも逃げもしないのは、腹側迷走神経のブレーキが作用しているためです。

このように、私たち人間は進化を通じて3つの神経回路を獲得し、さらにその歴史の中で、危機的状況に遭遇したときには、もっとも新しい回路である腹側迷走神経を最初に使うようになりました。

腹側迷走神経が未熟だと

実は、腹側迷走神経は生後18ヵ月までは存在していません。その間は、親など養育者が

腹側迷走神経
＝
＊人間関係がスムーズに
HSPの人は
うまく機能して
いない可能性
働いていれば
・話がよく聴ける！
・目を合わせられる！
・声のトーンを調整できる！
表情も
豊か
コミュニケーションが
とりやすく
ストレスも解消

その機能を果たすことが必要であり、それがままならないと、その後の腹側迷走神経の発達に支障が生じる可能性があると指摘されています。

そうして、腹側迷走神経が未熟で社会神経系がうまく働かないと、たとえば、人との関わりが億劫《おっくう》になったり会話が弾《はず》まなかったりして、社会とうまくつながれず、孤立状態になって、ますますストレスが蓄積するという悪循環に陥《おちい》りやすくなります。

私たちの心身の健康は、交感神経・背側迷走神経・腹側迷走神経の3つの自律神経がバランスよく働くことによって保たれています。したがって、3種類の神経がバランスよく発達・機能していないと、さまざまな弊害を引き起こすことになるのです。

そして、**ＨＳＰの人たちは、３つの自律神経のうち背側迷走神経が日常的に用いられ、腹側迷走神経がうまく機能していない可能性がある**と考えられています。

乳幼児期の環境によって腹側迷走神経の発達が十分でなかった可能性もありますが、多くの場合、神経が鋭敏すぎるために上司の怒鳴り声のような日常的な軽度の危機でも災害や大事故並みの危機的状況に感じてしまい、背側迷走神経による防衛反応が優先的に働いてしまうのです。

ですから、誰も怒鳴ったりしないような穏やかな環境であれば、ＨＳＰの人たちも社会神経系が働いて、ちょっとしたことでこわばったりすることなく安心して過ごすことができます。

しかし、職場でも家庭でも社会生活が営まれている以上、トラブルはつきものであり、誰かがそれによって激昂《げきこう》してしまうことも少なくないのが現実です。だからこそ、ＨＳＰの人は自分の気質を理解し、そういう社会に適応していく方法を身につけることが必要なのです。

社会神経系に注目

社会神経系は、次の５つの脳神経と腹側迷走神経とが一体となって機能し、影響しあうことで形成されています。

・第５脳神経「三叉《さんさ》神経」――脳神経の中で最大の神経。顔面、頭部の近く、咀嚼筋《そしゃくきん》や一部の開口筋の運動をつかさどる（主に摂食、咀嚼など）

・第７脳神経「顔面神経」――表情筋や頬筋《きょうきん》など顔面の筋肉を支配する。耳小骨筋《じしょうこつきん》（アブミ骨筋）にもつながる（顔の表情、味覚、唾液や涙の分泌の制御、耳小骨の緊張の調整など）

・第9脳神経「舌咽神経」――運動、知覚、味覚、副交感神経を含む混合神経。舌や咽頭《いんとう》の働き、外耳・中耳の情報伝達にも関与（味覚、唾液の分泌、聴覚情報など）

・第10脳神経「迷走神経」――運動、知覚、副交感神経を含む混合神経で、分布領域が広く頸部《けいぶ》から胸部、腹部半ばまでの臓器を支配。外耳の知覚情報伝達にも関与（咽頭・喉頭の筋肉の制御、聴覚情報）

・第11脳神経「副神経」――運動性神経。胸鎖乳突筋《きょうさにゅうとつきん》や僧帽筋《そうぼうきん》を支配（首、頭の運動）

これらの脳神経はすべて顔から首あたりをつかさどっている末梢《まっしょう》神経ですが、中でも注目すべきは聴覚に関与するものが多いことです。

聴覚は、危機的状況に遭遇したとき、その危機レベルを最初に判断する重要な役割を担っています。

なぜ聴覚過敏になるか

五感の中でももっとも情報量が多いのは視覚からであり、視神経・視覚が重要なのはいうまでもありません。ですが、情報の7～8割は視覚からですが、残りは聴覚からの情報が大きな比重をしめています。

しかも、視覚からの情報はマスキングされやすく、常に正しいとは限りません。たとえば、相手の言動に一瞬カチンとすることがあっても、たいていは人間関係をそこねないよう笑顔で対応するなどして、本心を隠します。しかし、声のトーンを変えることは表情のようにはたやすくありません。

このように、相手に与える視覚情報はカバーリングできても、聴覚情報はなかなか隠すのがむずかしいものです。ですから、コミュニケーションにおいて聴覚の担う役割は、非常に大きいといえます。

まして、聴神経や感覚の鋭いＨＳＰの人は、ちょっとしたニュアンスも聞き逃さないため、聴覚を通して本音《ほんね》がビンビンと伝わってきます。

実際、最近の研究によって、**聴覚過敏の人は、危機的状況つまりストレスに対して過敏であり、弱い傾向にある**ことがわかってきました。また、逆に、重度の危機（ストレス）に遭遇した人は、その後、聴覚過敏の傾向になっていくこともわかってきました。

このことから、ＨＳＰの人たちが危機的状況に弱く、それだけ大きなストレス反応を引き起こしてしまうのは、聴覚の過敏性によるところも大きいことがわかります。

上司にちょっと大きな声で叱られても凍りついてしまうというのは、まさにその典型例でしょう。

したがって、ＨＳＰの人は、ＬＰＰ（リスニング・プロジェクト・プロトコル）など聴覚の過敏性に対するケアをおこなうことでストレス反応を弱めることも大切です。具体的な方法については、第5章で紹介します。

トラウマを引き起こすメカニズム

さて、ここからが、ＨＳＰの人はなぜＰＴＳＤ（心的外傷後ストレス障害）になりやすいか、の答えです。

ポリヴェーガル理論では、ＨＳＰの人が起こしやすい「凍りつき反応はＰＴＳＤの主な原因である」と考えています。

ここでおもしろいのは、凍りつき反応は野生動物にも見られるのに、動物は死ぬほど怖い目にあって死んだふりをしても、その後トラウマになることはなく、ＰＴＳＤとは無縁だということです。人間と動物とは何が違うのでしょうか。

先ほどのライオンやチーターに襲われた小動物の行動には続きがあります。

死んだふりでうまく逃げおおせた小動物は、立ちあがって身体をブルブルッと震わせると、何事もなかったかのようにまた草をはみはじめたりします。

この**身体を震わせるという反応が重要**なのです。

危険に遭遇した動物の体内で起こる反応を、エネルギーの観点から見てみましょう。

動物が危険を察知すると交感神経が働いて、「闘うか逃げるか」という防衛反応をとるためのエネルギーを生じさせます。そして、実際に闘うか逃げるかという行動を通じて、このエネルギーを体外に放出します。

こうしてエネルギーが解放の方向に転じはじめると、副交感神経の働きが優位になり交感神経の働きは低下して、自律神経のシステムは徐々にニュートラルな状態を取り戻します。

ところが、凍りつきの状態に陥ると、それ以上はエネルギーが解放されないため、余ったエネルギーは神経系の中に閉じこめられた状態になります。神経組織にとっては防衛反応発動のためのエネルギーが解放されない限り、危機的状況が続いていることになるわけで、自律神経をリセットすることができません。

そこで、凍りつきのあと脅威《きょうい》が去り安全を取り戻した動物は、身体を震わせることで生体内にたまっていたエネルギーや恐怖をふるい落とします。つまり、凍りつきによって余っていた防衛反応発動のためのエネルギーを、筋肉を震わせるという運動エネルギーとして使うことで解放させ、自律神経をリセットするわけです。

こうした身体の震えは、必要のないエネルギーを解放しようとする脳の原初的な部分（脳幹部）の働きによるもので、生理的な反応です。生理反応によって防衛のためのエネルギーが解放されると、厳戒態勢にあった神経も自然にニュートラルな状態に戻るため、トラウマ症状があらわれることもないのです。

ところが、**人間はこうした必要のないエネルギーを体外に解放するという反応を、自然におこなうことができません。**脳の知的な部分である「大脳新皮質」が発達しすぎているため、古い脳による衝動的な動きを抑制してしまうのです。人前でいきなり身体をブルブルさせるわけにはいかない、というわけです。

そうして、**行き場を失って体内に留まったエネルギーが、フラッシュバックや不眠、不安、気分の変調など、いわゆるトラウマ症状と呼ばれるものの原因となっていきます。**

しかも、トラウマになるような体験をした人は、交感神経が慢性的な緊張状態にあるとともに、背側迷走神経がトラウマとなった出来事を想起させる刺激に敏感に反応するため、凍りつき反応を起こしやすくなり、それがまたトラウマ症状を引き起こすという負のスパイラルに陥りやすくなります。そうして、トラウマ反応がいつまでも繰り返し引き起こされることになり、結果、ＰＴＳＤになってしまうのです。

ＨＳＰの人は、普段からちょっとしたことでも大きなショックを受けて凍りつき反応を起こすため、トラウマとなっている出来事も多く、それだけＰＴＳＤになりやすい傾向があります。

たとえば、「恐怖で身体が震えるほど上司に大きな声で強く怒鳴られて以降、上司の姿がちょっと見えただけでも身体がこわばってドキドキするようになり、やがて朝、会社に行こうと思うだけで動悸《どうき》がするようになってしまった」という人がいますが、これなどまさにＰＴＳＤの症状といえるでしょう。

心身の緊張を緩ませる動作がある

さて、従来、トラウマは心理的問題として扱われ、心の状態が身体に影響しているとして、ＰＴＳＤに対する治療も心理療法が中心でした。

しかし、近年、トラウマの研究が進み「身体が先に反応し、それによって不安などの心の症状が起こる」という認識が生まれ、その流れが変わってきました。

前の項目で見たように「トラウマは、危機的な状況において発動されたエネルギーが神経系の中に閉じこめられた結果である」から、「エネルギーを解放することで、トラウマを治す（あるいは防ぐ）ことができる」として、身体にアプローチする「ソマティック心理学」といわれる治療法が取り入れられるようになってきました。

たとえば、トラウマの最新療法である「ＴＲＥ（トラウマ解放エクササイズ）」は、動物のように身体を震わせるような運動をすることで身体の緊張を解放させ、身体から健《すこ》やかになっていくボディワークです。

これまで言葉を使ったカウンセリングが主要な方法だったメンタルケアの分野で、言葉を一切使わず身体からアプローチするメソッドはきわめて革新的で、非常に注目されています。

また、ツボ（経穴《けいけつ》）を順番にタッピングすることでエネルギーをスムーズに流し、症状を改善させていく「ＴＦＴ（思考場療法）」や「ＥＦＴ（感情解放テクニック）」も、トラウマ治療に有効として注目されています。ヨーロッパの研究では、内戦でトラウマを負った

ブルル
ブルル
緊張がとける
スッキリ
TRE
(トラウマ解放エクササイズ)
パタパタ
筋肉をふるわせ
自律神経リセット!

人々にＴＦＴをおこなったところ、ほぼ１００％の効果があったと報告されています。

もしも何かのきっかけで身体がこわばってフリーズしてしまったら、たとえば、手洗い後に手を振って水滴を払うように手首から先をパタパタ振り動かすと、それだけエネルギーが解放されて心身の緊張が緩み、少しは楽になるかもしれません。

コラム

ソマティック心理学とは

「はじめに」で、ホリスティック医学では「body（身体）—mind（心）—spirit（魂・霊性）—環境」という全体的な視点から診断や治療をおこなうということをいいました。

４つの視点のいずれも大事な要素ですが、やはり私たち人間は厳然として肉体を持っており、ボディは重要です。ただし、正確には、生きたエネルギーを有している「身体＝ソマ soma」という視点でとらえる必要があります。

そして、心身相関の視点を、身体を先にし、身体の状態が心に影響を及ぼすことを研究する領域を「ソマティック心理学」と呼びます。

「ソマティック」とは「生きている身体」または「身体性」を意味するので、ソマティック心理学は、いいかえると「身体心理学」となります。

これまで、心理学・心理療法においては言葉（認知）によるアプローチが中心でしたが、非言語的なアプローチ（身体性、情動）を積極的に加え、「心身一体」として統合的にアプローチすることを重視する考え方です。

このソマティック心理学は、とくにトラウマに対しての有効性が高いことから注目が集まっています。

発達障害とＨＳＰは正反対？

・周囲の音が我慢できないほど大きく感じられてイライラしてしまう
・人とコミュニケーションを取るのが苦手
・社会的な行動から距離を取り、引きこもりがち

これらは「発達障害」に典型的な症状ですが、ＨＳＰの表面上の特徴ともとてもよく似ています。そのため、ＨＳＰの人とくに子どもは発達障害と誤診されることが少なくあり

ません。

しかし、発達障害とHSPはまったく違います。むしろ、脳機能の働きや社会生活における感じ方などは、正反対といえます。

両者の違いがわかるよう、発達障害について簡単に説明します。

発達障害は、生まれつき脳の働き方に違いがあり、その特性が行動や情緒面にも影響するため、社会生活に支障が生じる障害と考えられています。

発達障害の原因やメカニズムはまだ解明されていませんが、症状にはいくつか特性のあることはわかっており、それによって「ASD（自閉スペクトラム症）」「ADHD（注意欠如・多動性障害）」「LD（学習障害）」の大きく3つに分類されています。

ASDの典型的な症状は3つ――「空気が読めず相手の気持ちを理解できない（対人関係の困難）」「言葉の意味を理解したり自分の伝えたいことを伝えることができない（コミュニケーション障害）」「マイルールに固執したり特定の行動を繰り返す（興味や行動の偏《かたよ》り・こだわり）」――あり、これらの症状の強さによって、さらに「自閉症」「アスペルガー症候群」「そのほかの広汎《こうはん》性発達障害」などいくつかの診断名に分類されますが、本質的には同じ1つの障害と考えられています。

ADHDは、不注意、多動性、衝動性の3つを主な特徴とする障害で、その人の年齢とは見合わない多動・多弁、不注意、衝動的な行動が目立ちます。

LDは、全般的な知的発達には問題がなく、また聴覚・視覚機能にも問題がないにもかかわらず、「聞く」「読む」「書く」「計算・推論する」のうち、特定の能力のみが極端に苦手な状態です。


それでは、発達障害とHSPの違いを具体的に見ていきましょう。

まず、脳についていうと、「発達障害は脳の働き方に違いがある」といいましたが、HSPにはありません。

発達障害の中でもADHDは、落ち着きがない、待てない、注意力が持続しないなどの特性がありますが、HSPの場合は少なくとも穏やかな環境であればこれらのことが得意です。

また、ADHDは左脳の血流のほうが活発ですが、HSPの大半は右脳の血流が左脳に比べて活発ですし、ASDではミラーニューロンの活動が低いことがわかっていますが、HSPはミラーニューロンの活動が活発です。

さらに、HSPの人も発達障害の人も音や光など五感からの刺激に敏感ですが、発達障害の場合は音や光の情報を脳の中でうまく仕分けできないため（感覚情報処理障害・統合障害）、一方、ＨＳＰの場合は音や光を感じ取るセンサーが高感度で普通以上に情報を多く受け取るうえ、それを深く高度に処理しているため、とそれぞれ原因が異なります。

たとえば、ＨＳＰには授業に集中できなかったり試験が苦手だったりするケースがありますが、それはざわざわした環境が苦痛であったり緊張しすぎたりするためで、脳機能の障害によるものではありません。


次に、社会生活における感じ方の違いを見てみましょう。

たとえば、ＡＳＤの場合は、「人の気持ちに気づきにくく空気を読むのが苦手」など社会的なものごとに対する理解が鈍いのが特徴ですが、ＨＳＰはむしろ社会的なものごとに対する理解力が高く人の気持ちを察することに人一倍長《た》けており、共感力が高いのが特徴であり、決定的に違います。

また、ＡＳＤのうち自閉症の子は、２～３歳になっても人に興味を示さず、コミュニケーションも取りたがらず、そうかといって空想遊びもしない傾向がありますが、ＨＳＰの子は過剰な刺激を受けているとき以外は望んでコミュニケーションを取ります。

アスペルガー症候群の子は、コミュニケーションは取りたがるものの、人の話にじっと耳を傾けたり、話のちょっとしたニュアンスを理解したり、顔色を読むといったことが苦手で、一方的に自分の話したいことを淡々と話し続けたりしますが、ＨＳＰの子にはこのような点は見られません。

このように、発達障害とＨＳＰに共通して見られる症状に「コミュニケーションにおける困難さ」があります。しかし、その原因は、発達障害の場合は相手の気持ちよりも自分の気持ちを優先してしまうことにありますが、ＨＳＰの場合は自分を抑えて相手の気持ちや周囲のことを優先することで疲れてしまうことにあり、まさに真逆です。

ここまで見てきたように、

・発達障害は感覚からの情報をうまく仕分けできない人たち
・ＨＳＰは感覚からの情報を深く高度に処理しすぎてしまう人たち

であり、両者はいわば対極にあります。しかし、どちらも同じように困っています。しかも、どちらも困るようになるのは、たいてい大人になってからということも共通しています。そのことが両者を混同する原因のひとつでもあると思います。

ＨＳＰの子どもが見逃されやすいといいましたが、発達障害の場合にも、たとえば、じっと座っていられないとか親や先生のいうことをちゃんと聞いていられないというのは、子どもにはありがちなことのため、発達障害とは気づかないまま成人するケースが少なくありません。

近年、そうして見過ごされてきた人たちが大人になって気づき、発達障害の診断を受ける「大人の発達障害」が増えています。

しかし、その中には、本当はＨＳＰであるという人も含まれていると私は考えます。たとえば、

「音に過敏だし、人間関係は苦手だし、発達障害なのかな。でも、私なりにすごく気をつかっているつもりなんだけど」

というように、発達障害に該当する症状がありながらも、どこか腑《ふ》に落ちない点があるという人は、ＨＳＰである可能性があります。

適応障害とＨＳＰはタイプが違う？

ＨＳＰは「適応障害」の症状とも似ているところがあります。

適応障害は職場や家庭などのある特定のストレスによって感情面や行動面にさまざまな症状が出て、普段の生活が送れないくらいに抑うつや不安が強くあらわれている状態です。

原因として多く見られるストレスは、仕事であれば上司を中心とした人間関係や仕事の

ミス、異動などによる仕事内容や労働環境の変化など、家庭であれば夫婦仲や子どもの教育、ご近所トラブルなど、そのほかにも失恋や友人とのケンカ、進学、受験、健康のことなど、誰もが日常的に経験するような出来事や状況によるものです。

しかし、ストレスの感じ方は人それぞれで、同じ出来事であっても、その人にとっては大きなストレスに感じることが、ほかの人にはストレスでないこともあります。ですから、社会生活において誰もが遭遇するストレスで、適応障害になる人もいればならない人もいるのです。たとえば、

「仕事のミスによって上司から強く叱責《しっせき》されたことがきっかけとなって、上司に対してストレスを感じるようになり、上司の声を聞いただけで身体がこわばって胸がドキドキするようになり、やがて、朝、会社に行こうと思っただけで動悸がするようになり、出勤することも苦痛になってしまった」

これは、お勤めをしている人が職場のストレスによって適応障害になる典型的なケースです。

いかがですか？「上司に怒鳴られたことがトラウマとなってフリーズするようになった」というＨＳＰの症状と似ていると思いませんか。

このように、ＨＳＰと適応障害は、おもてにあらわれる症状が酷似《こくじ》していることがあり

ます。

しかし、適応障害になりやすい人には「自分の思い通りにしないと許せない」など価値観や考え方に偏狭的なところがあり、自己中心的な性格傾向があります。つまり、適応障害は「自分ファースト」の人がなりやすく、「自分のことよりも周りのことが気になる」HSPの人とは、タイプが違います。

また、「新型うつ」の人たちも、自分に対する他者からの評価や感情に対して過敏で傷つきやすいことから、先ほどのような症状が出ることがよくあります。しかし、新型うつの人の場合、他者に対する攻撃性が強くあらわれることがあり、HSPが自分を責める傾向にあるのとは逆です。性格傾向としては、自己中心的な適応障害に近いといえます。

ちなみに、新型うつは正式な病名ではありません。また、医師の間でも「新型うつは本当に病気なのか」という議論があり、新型うつという概念を使わない医師も少なくありません。その場合、たいてい適応障害として対応しているようです。

さて、ここまで見てきたように、HSPは適応障害や新型うつとは、性格傾向がまったく異なるものの、病像が似ていることから混同されることも少なくありません。おそらく、適応障害や新型うつと診断された人の中には、HSPという人も少なからずいると思います。

適応障害や新型うつと診断された場合、抗うつ薬や睡眠薬が処方されることもあります。しかし、**HSPは病気ではありませんから、こうした薬を服用することは好ましくありません。**その点からも、HSPかどうかを正しく判断することは重要だと考えます。

自分を俯瞰できる「インテグラル理論」

繰り返しお伝えしているように、HSPは病《やまい》ではなくその人の持って生まれた気質・キャラクターですから、「治《なお》す」ようなものではありません。でも、だからこそ「治りにくい」、いいかえれば、そう簡単に変えられるものではありません。

私は、HSP傾向で悩んでいる人に、ご自身がどのような性格傾向でどのような思考傾向があるのかを理解していただくために、よく「インテグラル理論」を用いてお話しします。

インテグラル理論とは、人間、組織、社会、世界の統合的・包括的なとらえ方を提案するメタ理論（さまざまな理論を統合的にとらえた理論）で、アメリカの思想家ケン・ウィルバーによってまとめあげられたものです。

この理論を応用して個人の成長・発達を促進したり、現代社会が抱える課題や問題を解決できるとして、組織やリーダーシップ、ビジネス、エコロジーなどさまざまな領域に適用されています。

「インテグラル」は英語圏では日常的によく使われる言葉で、日本語では「統合的」「包括的」と訳されます。したがって、「インテグラル理論」とは「統合的（包括的）な理論」という意味になります。

インテグラル理論の目的は、ものごとを統合的・包括的にとらえるための枠組みを示すことであり、その枠組みは次の5つの主要な要素から構成されるとしています。

- 「領域（象限《しょうげん》）」（quadrants クオドラント）
- 「意識の段階」（levels レベル）
- 「意識の状態」（states ステート）
- 「能力」（lines ライン）
- 「タイプ」（types 性格）

本書ではこのうち主たる要素である「領域（象限）」と「意識の段階」について紹介します。

４つの視点から人を見る「４象限」

さて、その人がどんな人か、その会社はどんな会社か、あるいは現代社会はどのような社会かなどを理解したり判断したりするときに、どのような視点から見るかで印象は変わってきます。

たとえば、人であれば、成績など結果（個人の外面）のみを見るのか、それともどのような目的を持って勉強をしているか（個人の内面）を見るのか、あるいはその両方を見るのか、重視する視点によっても視点の数によっても、印象は大きく違ってきます。

インテグラル理論では、**統合的な理解のためには、少なくとも「主観的」「客観的」「文化的」「社会的」という４つの視点で見る必要がある**と考えます。

理論のベースとなるのは、横軸が内面的――外面的、縦軸が個的――集団的で、これらの軸を掛けあわせると４つの象限（領域）ができます。

左上象限 美 内面的・個的 主観的（心理・文学） 私	右上象限 真 外面的・個的 （科学・経済）客観的 それ
私たち 文化的・道徳的 内面的・集団的 善 左下象限	それら 社会（制度／システム）的 外面的・集団的 右下象限

（ケン・ウィルバーの表を改変）

［**解説**］

左上——個人の内面＝（「私」という1人称単数の主観的な視点）……価値観やメンタル、感情、思考、感覚など

右上——個人の外面＝（「それ」という3人称単数の客観的な視点）……行動、身体、脳、スキルや肩書きなど

左下——集団の内面＝（「私たち＝私とあなた」という2人称複数の文化的視点）……組織風土、文化、相互理解、場の空気など

右下——集団の外面＝（「それら」という3人称複数の社会的視点）……制度、システム、法律、物理的環境など

これら4つの象限はバラバラに存在し

ているわけでありません。どのようなものごとも、４つの異なる視点からとらえることができ、そしてそれぞれの象限にあらわれることは、お互いに影響を与えあっていることを示しています。

たとえば、

・自分はいまどのようなことを感じているのか（個人の内面）
・どのような姿勢で体調はどうなのか（個人の外面）
・著者の意図を共有できたか（集団の内面）
・どこにいてどのような媒体でこの文章を読んでいるのか（集団の外面）

このように、人間を統合的に理解するためには、その人自身の内面や外面の問題だけでなく、その人の属する社会（集団）の内面や外面の問題も含めて見る必要があります。つまり、４つの視点（象限）でとらえないと、思索が偏ってしまう可能性があります。

そして、どの視点が「正しい」「優《すぐ》れている」というわけではなく、**「見落としていることはないか」**や**「他の人との違いは何から生まれているのか」**などを検証することができるのが、この４象限の考え方です。

「私」より「私たち」が大事な心理

この考え方は、プラトンが提唱し、古来から重要視されてきた「人間の精神が求める普遍的な3つの価値」つまり「真・善・美」と重ねあわせることができます。

「真」……科学によって研究される客観的な事実の領域──→それ、それら＝三人称

「善」……科学的に計測することはできないものの集団や社会の中で「正しいこと」「よいこと」として存在し、道徳や倫理、文化として共有される間主観（ふたり以上の人間において同意が成り立っている）的な領域──→私たち＝二人称（私とあなたが含まれる）

「美」……私たちひとりひとりの心の中に「美意識」や「芸術」として存在している主観的な経験の領域──→私＝一人称

インテグラル理論は、これら「真・善・美」の3つの領域を統合的に思考することが重要である、との考えのうえに成り立っています。したがって、**問題が生じるのは、ある視点に偏り、ほかの見方を疎外するとき**である、としています。

とりわけ、近年の科学万能思考は、「真」を絶対視する風潮を生んでいるとして、その弊害を指摘しています。具体的には、医学におけるエビデンス、学校の成績や会社の業績などに代表される数字やお金など、いわゆる客観性（4象限の右上の領域）を重要視するために起こっているさまざまな問題です。

ちなみに、心療内科は心を診《み》るので、「真」＝「それ」「それら」と「美」＝「私」の両方を見ています。とはいえ、あくまで医療制度に縛られていますから、どうしても診断基準やエビデンスを重視せざるをえないところがあり、それに即さない人の診断や治療方針に苦慮するということが生じます。

このように、いまの世の中は、その人を評価するときに、その人の内面である「私」や周囲との協調性を示す「私たち」の象限よりも、その人の能力や成績などを示す「それ」や社会や組織のシステムなど「それら」の象限を優先します。

ところが、**ＨＳＰの人にとって重要なのは「私たち」です。自分の内面である「私」よりも、自分と相手を含めた「私たち」のことを大事にしています。だから疲れやすいのです。**

また、世の中の価値観とは全然合わないことで、周囲から誤解されやすかったり、きちんと評価されなかったり、ということも起こります。

しかし、繰り返しますが、どの象限も等価値であり、どれが偉いというわけではありません。

本来、人間は4つの象限を総合的に持っているのが望ましい、全部そろうのが本当の英知であるとされています。

しかし、**いまの世の中は「真」が重視され、その人の「それ」つまり外面を見て、それがすべてであるかのように考えてしまう風潮がありますが、実際には、それはその人のほんの4分の1を見ているにすぎません。**

このことをHSP傾向で相談に来られる人たちにお伝えすると、「そうだったんだ」とまるで目からウロコが落ちるように視点が広がって、気持ちが楽になるという人もいます。

さらに、「自分はこっちばっかりだったんだ。じゃあちょっと違う方向からも見るようにしよう」と自分の意識を変えようとする人もいます。

とはいえ、HSPは気質ですから、これを知ったからといってすぐ変わるわけではありません。しかし、4つの視点を踏まえたうえで、その視点つまりそういう価値観を選んでいるというのなら、それは4象限のバランスがとれているという範囲に入ります。

誰しも選ぶ権利はありますし、わかったうえでそういう方向を選んで生きていくという人と、訳もわからないままそういう生き方になってしまっているというのでは、人生はまったく違ってきます。

ＨＳＰの人に限らず自分の視点が固まってしまっている人は多いものです。**インテグラル理論の４象限を知ることは、凝り固まった視点の幅を広げ、自分はどの視点から見る傾向があり、どのような価値観を重視しているのか、という自分自身について理解し、どうつきあっていくかを考えるうえで有用です。**

内的成長を見る「意識の段階」

ＨＳＰの人が自分を理解する助けとなるよう４象限とともにお伝えするのが「意識の段階」です。４象限が「真」を中心とする狭い視点に「善」や「美」といった水平方向の視点を与えてくれるのに対して、意識の段階は人間の内面の成長という垂直方向の視点を与えてくれます。

ちなみに、水平と垂直とに分けていますが、結局は同じことです。「自分はこう」という枠を壊せば、意識は全体に広がっていくわけで、水平にも垂直にも広がるということです。

さて、私たち人間は生まれてから死ぬまでの間、赤ちゃん──↓子ども──↓青年──↓成人──↓老年……と、時間の経過とともに段階的に経験をし、それにともなって精神や意識も変化しながら成熟していく存在です。

たとえば、子どもの頃に抱えていた問題は、成人になるととるに足らないものになっていたりします。そのように、私たちは成長過程のそれぞれの段階において克服すべき自分独自の問題や課題と向きあい、それと格闘することを通して、変化・成長していきます。

それは単に知識や技術を習得することによって達成される成長とは異なり、内的な変化や成長です。ですから、誰もが同じように段階を踏みながら成長していくわけではなく、ある段階で止まったままの人もいます。つまり、成人であっても、さまざまな意識レベルの人がいるということです。そして、その意識レベルに応じて新たな課題や問題が生じてくるとされています。

このような人間の内的な成長を研究する学問を発達心理学といいます。この100年ほど、さまざまな発達心理学者らの手によって、人の成長・発達についての研究がなされモデル化されてきました。その多くのモデルで共通点として見出されたのは、「人はだいたい6~8段階程度を経て、より高次の意識状態へと至る。また、高次の意識状態に向かうたびに個人としてのエゴが克服され、より他者や自然などの幅広い存在を気づかうようになり、幸福感を感じやすくなる」

ということです。

そして、意識の段階を統合的に一覧できるモデルとして、色による分類が採用されるようになりました。インテグラル理論でも色による段階の分類がおこなわれています。

段階0から段階10まで

この表は、ケン・ウィルバーの示した意識の発達階層です。表の下から上に向かってより高い意識段階になります。

表を見てください。

たとえば、いちばん下の「段階０＝インフラレッド」は、いわば生まれたての赤ちゃんの状態。自分で食べることも、歩くことも、身を守ることもできず、気温などの外的要因にも、生理的な欲求や感情など自身の内的要因にも簡単に左右され、自分の意思《いし》で人生をコントロールすることができず、もっぱら感覚や欲求や衝動に従属した初期の段階であり、

●色による意識の段階（ケン・ウィルバーの表を改変）

段階10：――（クリアーライト）
段階９：元因的段階（ウルトラヴァイオレット）
段階８：微細的段階（ヴァイオレット）
段階７：心霊的段階（インディゴ）
段階６：実存的段階（ターコイズ）
段階５：多元的段階ないし後−近代的段階（グリーン）
段階４：合理的段階ないし近代的段階（オレンジ）
段階３：神話的段階ないし伝統的段階（アンバー）
段階２：呪術−神話的段階（レッド）
段階１：呪術的段階ないし部族的段階（マジェンダ）
段階０：古代的段階（インフラレッド）

インテグラル理論では「衝動的（本能的）段階」とも呼んでいます。

「段階２＝レッド」では、精神的・肉体的な発達が進む中で、自分の持ついろいろな肉体的・精神的な能力に気づき、衝動的な欲求を満たすために意識的に行動することができるようになります。

ただし、自己コントロールできるといっても、この段階では生理的な欲求や衝動が優先されるため、意識は「快楽」を求め「不快」を避けるという法則に支配されています。こうした特徴からインテグラル理論ではこの段階を「利己的段階」とも呼びます。

たとえば小学校に進学すると、子どもは授業中じっと椅子に座っているという苦行を強《し》いられることになります。これに耐えていられるのは、むやみに席を立って歩きまわると先生に叱られるという「不快」な思いをすることになるので、それを避けるために損得勘定をして「おとなしくしている」ことを選ぶのです。

社会に出てからもこの意識レベルの価値観に基づいて発想・行動する人の多くは、自分の肉体的・精神的な実力を誇りとし、それを証明することを生きがいとするため、それらの能力の優劣がモノをいう弱肉強食の世界に身を置くことになります。たとえば、極限まで自己鍛錬に励む武術や冒険の世界であったり、非合法な組織などもそうです。

こうした利己的段階における全能感は、成長過程においていろいろな経験をし、自分の能力の限界を知ることで小さくなっていきます。そうして、自分への過信や執着を克服する一方で、自分の存在を超えたもの（たとえば、先生や先輩、著名人、伝統、書物など権威的存在）に目を向けるようになり、それに身を委《ゆだ》ねることによって運命を切り開いていこうとするようになるのが「段階３＝アンバー」です。

こうした意識は、共通の価値や思想を信奉する他者とのつながりをもたらし、集団の規則や規範に基づいて自己を律することの価値を学びます。この段階で獲得された能力は、私たちが健全な社会生活を営《いとな》んでいくための基盤となります。

「段階４＝オレンジ」になると、権威的存在によってもたらされたり社会で共有されたりしている価値や思想が、本当に真実であるのかを検証しようとするようになります。たとえば、思春期ぐらいになると、それまでいろいろと教えられてきたことに疑問を持つようになり、自分なりに納得できる解答を見出そうとするようになります。

そこには精神的混乱もともないますが、その一方で、人には過去や他者に縛られることなく、新しい可能性を追求する自由が与えられていることを自覚します。そうして、試行錯誤しながらも想像力を発揮して行動していくようになります。

しかし、この段階では、自分自身の価値観や世界観を持つようになるものの、その意識にとらわれてしまう可能性も含んでいます。

自分が大切にしている価値観や世界観は普遍的なものではなく、時代や環境によって変化するものであることを認識するようになり、多様性を重視するようになるのが「段階5＝グリーン」です。

そうして、自己の内外にある価値観・世界観を、それらがまったく相容《あいい》れないものであっても意識の中に包容し、全体としての均衡や調和を見出そうと志向する段階でもあります。

「段階6＝ターコイズ」は、そうした価値観や世界観の違い、あるいは視点や立場の違いによる対立や軋轢《あつれき》を生み出しているそもそもの構造的な理由に目を向け、それそのものを解決しようとします。

たとえば、２つの異なる文化に基づく考えが対立しているとき、何らかの妥協点を探るのではなく、そもそもそうした対立を生み出しているのはそのどちらの立場もとらえそこねている（社会）構造に本質的な原因があるのではないかと考え、それにアプローチしようとするのです。

インテグラル理論では、現代社会においては平均的には「オレンジ」か、ちょっと上の「グリーン」、あるいはちょっと下の「アンバー」や「レッド」の段階の意識レベルの人が多いとしています。

そして、**目標としてすすめているのが「ターコイズ」のレベルつまり「実存的なレベル」**であり、この段階を「統合的段階」と呼んでいます。

なお、最近、日本でも組織論で話題になっている「ティール（青緑）」は、ちょうど「グリーン」と「ターコイズ」の間くらいのレベルです。

「ティール組織」というのは、ボスのいない自律的な組織であり、メンバーそれぞれがお互いの価値を認めあい、お互いに侵害しあわず、お互いの生きがいをサポートしあうという民主主義の発達した段階とされています。

さらにその上の「インディゴ」以上は非常に成熟した高い意識の段階であり、トランスパーソナル（「トランス」は「超える」、「パーソナル」は「個」で、単純に訳すると「超個」、わかりやすく意訳すれば「自我を超える」「自己超越」という意味）のレベルになります。最高層の「クリアーライト」というのは、おそらく仙人のような「悟りの境地」をいうのでしょう。

HSPは意識レベルが高い

さて、4象限の項目で説明したように、HSPの人は自分自身のことより社会全体のことを考えています。したがって、**意識レベルでいうと「グリーン」から先ほどの「ティール」の間ぐらい**です。きわめて繊細な人の中には「ティール」に達している人もいます。ところが、社会はまだ「アンバー」や「オレンジ」、せいぜい「グリーン」の段階です。つまり、自分のことを優先的に考える人たちが社会の主流ですから、何かと争いも絶えません。そのため、HSPの人たちは苦しむことになるのです。

このように、意識レベルでいえば、実は**遅れているのは社会のほうで、HSPの人たちは一歩上を行っている**のです。しかし、HSPの人たちは社会的にはマイノリティのため

「自分が至らないからうまくいかないのだ」と自分を責めてしまいます。そうして自己肯定感が低くなることで「やはり悪いのは自分だ」と感じ、さらに自己肯定感が低くなる、という悪循環に陥ってしまいます。

そのように社会や組織とのギャップに悩んで自信を失っているＨＳＰの人に、意識の段階のことを説明し「そのレベルではあなたのほうが上で、周りはまだ追いついていないんですよ」とお伝えすると、多少なりとも自信を取り戻される人もいらっしゃいます。

ＨＳＰの人には繊細で弱いところがあるので、その自信がすぐに生きやすさにつながるというわけではありませんが、「常に悪いのは自分」という誤った認識を修正していく一助になると、私は臨床《りんしょう》経験から感じています。

ここまでインテグラル理論の主要な要素である４象限と意識の段階について説明してきました。

私は、**インテグラル理論のいいところは、「社会にはいろいろな人がいて、みなそれぞれのよさがある」つまり「みんな部分的には正しい」というふうに誰のことも肯定的にとらえられるところ**だと思います。

また同時に、インテグラル理論によって自分自身を効果的に振り返ることで、課題などこにあるのかを把握し、そういう自分とうまくつきあっていくにはどうすればいいのかを考え、自分に合った生き方へと意識的に変えていくことができるようになることです。

第3章　ＨＳＰにはホリスティック医学が生きる！

人間をまるごと診る医療

ここまでHSPについて詳しく説明しましたので、だいたい理解いただけたのではないかと思います。

HSPのことがマスコミで取りあげられるようになってから、私のクリニックにも「自分もHSPかもしれない」というHSP疑いの患者さんの来院が増えました。そして、その多くの人に共通しているのは、何らかの治療を受けることで、いまの自分の状態が楽になると期待されていることです。

しかし、ここまで繰り返しお伝えしてきたように、HSPは気質であって病気ではありません。ですから、たとえば、HSPによってうつやトラウマのような症状があらわれていたとしても、それに対する治療だけをやったのでは根本解決にはなりません。

その点が、身体の一部分だけを診《み》る西洋医学だけではHSPに対応できない所以《ゆえん》であり、逆に、**身体だけでなく目に見えない心や魂・霊性を含めた総合的な視点から健康を考えるホリスティック医学の得意分野**である、といえる所以でもあります。

「全体的な視点から人間を診る」とはどういうことなのか。

ホリスティックなアプローチによって、ＨＳＰの人の苦しさや生きにくさがどのように変わるのか。

それを理解いただくために、この章ではホリスティック医学について説明します。


ホリスティックという言葉は、ギリシャ語で「全体性」を意味する「ホロス（holos）」を語源としています。健康（Health）もそこから派生したといわれています。

現在、「ホリスティック」という言葉は、「全体」「関連」「つながり」「バランス」といった意味をすべて包含《ほうがん》した言葉として解釈されています。的確な訳語がないため、「ホリスティック」という言葉が使われていますが、東洋医学における包括的な考え方に近いものといえます。


そのような意味を持つホリスティック医学は、臓器という身体の一部分を切り取って診るのではなく、人間の「からだ」を「身体―心―魂・霊性」の総体としてとらえ、さらに環境も含めたまるごと全体として診る医学です。

１９６０年代に、あまりにも臓器という部分偏重に陥《おちい》ってしまった西洋医学に対する反省からアメリカの西海岸を中心に起こったといわれています。

たとえば、がんの場合、西洋医学の治療は「3大標準治療」といわれる手術、放射線治療、抗がん剤治療が柱であり、患者さんの気持ちや生活などはあまり問題視されません。また、エビデンス至上主義であり、それが明白でない治療は度外視されます。しかし、がんの3大治療への固執は、これらの治療法では治療のすべがなくなった患者さんが医師に見放されて行き場を失ってしまう「がん難民」という問題を生み出し、患者さん不在の医療のあり方に対する疑問の声は絶えません。

そうしたことから、近年では「がんは決して肉体だけの問題ではなく、心や魂に深い関わりあいのある病気。したがって、身体だけの医学である西洋医学だけでがんを退治しようとすると、なかなか治療効果が上がらない。そういう面で、心や魂にも注目するホリスティック医学はがん治療に向いている」といわれるようになっています。

ただし、誤解しないでいただきたいのは、決して西洋医学を否定しているわけではない、ということです。

「ホリスティック（全体）」ですから、西洋医学の利点もしっかりと取り入れています。ある意味、「いいとこ取り」の医学といえるかもしれません。

「癒し」や「気づき」を得る

ここでホリスティック医学の定義（ＮＰＯ法人日本ホリスティック医学協会）を簡単に紹介します。

＊ホリスティック（全的）な健康観に立脚する

「はじめに」でも書いたように、ホリスティック医学は、人間を「身体―心―魂・霊性」という有機的統合体としてとらえ、さらに社会・自然・宇宙という環境との調和を含めた包括的、全体的な健康観に立脚しています。

たとえば、現代医学ではとくに異常が見つからないにもかかわらず、不調を感じているという人は少なくありません。このようないわゆる慢性症状の治療には、ホリスティックな視点がとても重要です。

何らかの不調があるのなら臓器だけでなく全身を診る、そして、身体だけでなく心も含めて診る、さらに、その人のいる環境も含めて診ることで、より広い視点が得られます。

＊自然治癒力を癒《いや》しの原点に置く

生命が本来持っている「自然治癒力《ちゆりょく》」を癒しの原点に置き、この自然治癒力を高め、増強することが治療の基本です。

＊患者が自ら癒し、治療者は援助する

病気を癒す中心は患者さん自身であり、治療者はあくまでも援助者。つまり、患者さんと治療者とが一緒に治療に取り組むのが治療の基本姿勢であり、「すがり」はホリスティックではありません。ですから、具体的な方法としては、治療よりも養生、他者療法よりも自己療法が基本であり、ライフスタイルを改善して患者さん自身が「自ら癒す」姿勢が治療の基本となります。

＊さまざまな治療法を選択・統合し、もっとも適切な治療をおこなう

西洋医学の利点を生かしながら、中国医学やインド医学など各国の伝統医学、さらに心理療法、自然療法、栄養療法、手技療法、運動療法といった代替療法など、さまざまな治療法を総合的、体系的に選択・統合し、患者さんにとってもっとも適切な治療を選んでおこないます。

＊病《やまい》の深い意味に気づき、自己実現をめざす

病気や障害、老い、死といったものを否定的にとらえるのではなく、むしろその深い意味に気づき、生と死のプロセスの中で、より深い充足感のある自己実現を絶えずめざしていくことを理念としています。

つまり、ホリスティック医学では「病は気づきの場である」と考え、「病の経験から得るものがあり、自己成長や自己実現につながる」ととらえています。

たとえば、病気になった原因や意味を、生活習慣やストレスといった視点から考え、さらに、社会制度や職場環境、環境問題など個人を超えた人類、地球レベルの問題として考えることで、何かしら「気づき」が得られます。そして、それが「人生の転換点」になることもあります。

また、ホリスティック医学では、健康や若さなど人生の明るい面だけをよしとするのではなく、病気や老い、死など、一般的にはネガティブなこととしてとらえられていることを人生のプロセスの中でどう位置づけるのか、そういう**「影の価値」も認めていく**姿勢が重要だと考えています。

以上をわかりやすくまとめると、ホリスティック医学とは、身体の部分を診るのではなく、人間を環境も含めたまるごと全体としてとらえ、医者と患者さんが一緒になって命のエネルギーを高めていくこと。また、病というステージに止まらず、生老病死すべてを対象として、生まれたときから病気になって死を迎え、さらには死後の世界までカバーしようとするものです。

ホリスティックな４つの視点「身体―心―魂・霊性―環境」

ホリスティック医療の基本的な考え方は、人間は、物資的な「身体（ボディ）」、知性や感情などの精神的機能を有する「心（マインド）」、身体の活動や心の動きをつかさどる「魂・霊性（スピリット）」の３つによる統合体であり、さらに「環境」を含めた全体的な視点から診断や治療をおこなっていくというものです。

これだけでは「なんとなくわかるような、わからないような」という印象を持たれる人も多いと思います。それぞれの視点について、なるべくわかりやすく説明したいと思います。

＊ホリスティックな視点①身体

ホリスティック医学における「身体」とは、臓器だけでなくそのほかの部分も含めた全身であり「身体全体」ということになります。

なお、身体の状態においては、体内環境を一定の状態に保ち健康を維持しようとする「ホメオスタシス（恒常性）」の働きが重要であり、その中心を担《にな》うのが自律神経系、内分泌系、免疫系の３つです。

ＨＳＰの人は、このうち自律神経系のバランスが悪い傾向があります。常に緊張状態にあるため交感神経が高まってしまい、反対に副交感神経のうち腹側迷走神経の働きが弱い状態になっています。

＊ホリスティックな視点②心

そもそも「心」とは何でしょうか。いろいろな説がありますが、ここではホリスティック医療のオピニオン・リーダーであるアンドルー・ワイル博士の考えに基づいて説明します。ワイル博士は「心」を、「信念」「思考」「感情」「イメージ」の４つに分けて説明しています。

「信念」とは自分のポリシーのようなもので、「意思《いし》」や「意図」ともいえます。基本的には「何を大事にして生きているのか」というその人にとっての「生きる意味や価値」のようなものになります。

そして、ワイル博士は「病気が治《なお》るか治らないか」は、その人の信念が重要だといっています。口ではともかく、心の中、もっといえば腹の底から「治る」と思っているのかどうかが重要だといい、そのことを「内臓レベルの信念」と表現しています。いいかえれば、「治る」ということが自分のリアルになっていることが重要なのです。

ですから、問診では、日常生活の中でこの信念を意識して生きているかどうかを確認します。加えて、私は患者さんを診察するときに必ず「自己評価・自己肯定感」はどのくらいあるかをおうかがいします。すると、多くの患者さんは「自己評価は低いです」と答えられます。

「思考」は、「知（性）」ともいえます。何事においても適度が大事であり、考えが足りないのもよくありませんが、**考えすぎるのも問題**です。ＨＳＰの人は「考えすぎ」の傾向になっています。

また、考える内容や対象も重要です。ワイル博士は、思考は人を「現在」から「過去」

HSPの人は
「考えすぎ」る傾向
未来
過去
ああすればよかった…???
この先どうなる…???
不安からさらに「考えすぎ」に
「身体」があるから今にいる！
考えすぎず自己肯定！

や「未来」に連れていってしまうと指摘しています。

このことが問題になるのは、過去の出来事を考えると「ああすればよかった」という後悔に、未来のことを考えると「この先どうなるのだろう」という不安にそれぞれつながりやすく、そのことがさらに「考えすぎ」を加速させることになるからです。

ワイル博士は、この「考えすぎ」から離れるために、「身体（ソマ）」があることがありがたいことだと述べています。「身体」があるおかげで、「いま・ここ」に私たちをつなぎとめてくれることになるからです。

さて、私たちをもっとも悩ませるのが「感情」でしょう。たとえば、「心は千々《ちぢ》に乱れて」などというときの「心」は、たいていこの感情のことをさしているといえます。

問診では、感情に振りまわされやすいかどうか、つまり「感情的」傾向が強いかどうかを確認します。

一方で、「感情を抑える」傾向にあるかどうかも問題になります。実は、「心身症」になりやすい傾向として、「自分の感情・心がよくわからない」という「失感情症」という性質があります。

ワイル博士は、その感情が肯定的か否定的かということではなく、「感情の抑圧や鈍《どん》麻《ま》」が問題としています。そして、ＨＳＰの人は、相手や周りがどう感じているかつまり他人の感情ばかり気になって、自分の感情は抑える傾向があります。

ここまで説明した「信念」「思考」「感情」の３つは「意・知・情」という「顕在《けんざい》意識」ですが、「イメージ」は「潜在意識」の範疇《はんちゅう》になります。したがって、心理療法において、顕在意識にのぼっていることについて言葉を用いておこなう技法と、言葉を用いないでおこなう「イメージ療法」と、両方の必要性があります。

さて、イメージにおいて重要なのは、まず「正しいイメージというものはない」ということ、そして、それより大切なのは**「イメージが湧《わ》くか」**ということです。

イメージ療法をおこなうとき、頭で考えるタイプの人はイメージが出にくく、また、男性より女性のほうがイメージを出しやすい傾向があります。

たとえば、「がんのイメージ療法」というものがあります。がんの患者さんに「免疫細胞ががん細胞を処理しているイメージ」などを思い描かせて、治療に結びつけようという一種の心理療法です。

このとき、白血球そのものをイメージする人もいますが、『はたらく細胞!!』という漫画のように体内細胞を擬人化《ぎじんか》して思い描く人もいます。物理的（解剖学的）に正確かどうかはその（治療）効果に関係ないのが、イメージの性質のようです。

＊ホリスティックな視点③魂・霊性

「spirit」は「魂」とか「霊性」と訳されることが多いのですが、その人の心の背後にある、生きるうえでの価値観や信念、尊厳あるいは「ハイアーセルフ（高次の自己）」ととらえるとイメージしやすいかもしれません。

これは、「身体」や「心」のように誰もが認めているとはいえず、証明できるような要素でもありません。

ですが、科学的、物質的には証明できないものであっても、「何かそういうものがあるのではないか」という認識の人はいて、むしろ「重要なものである」と位置づけている人も少なくありません。

いまの時代、**「魂」という重要な要素を忘れたり、軽んじたりしたままの「人間観」や「人生観」になっているために生じている問題がたくさんある**のではないでしょうか。それは医学の世界においてもいえることです。そうした背景を踏まえ、２０１８年の日本ホリスティック医学協会の年間テーマは「魂の医療」でした。

「魂の医療」という観点を持つと、あらたな視点や価値観が生じてきます。たとえば、

・物質ではない「非物質／エネルギー」にも視点・価値観が向く
・時間のスケールが「永遠」になる
・空間のスケールが「自然・地球」から「宇宙／あの世」にまでなる

このように、「魂」という概念を持つことで、私たちの視点・価値観は果てしなく広がったり、深まっていったりすることになり、そのことによって「本質」につながる面がたくさんあるといえます。

＊ホリスティックな視点④環境

ここまで見てきた「身体―心―魂・霊性」は個人レベルの視点ですが、私たちは周囲の「環境」とつながっており、この環境からもさまざまな影響を受けています。したがって、ホリスティック医学では、環境という要因も含めたより広い視点に立って、その人を俯瞰《ふかん》的《てき》に診ていきます。

さて、「環境」とひとくちにいいますが、環境は大きく次の３つ――「家庭環境」「社会環境」「自然環境」――に分けて考える必要があります。

まず、**環境の中でも人間にとっていちばん基本になるのは、「家庭環境」すなわち「家族との関係」と「家の住環境」**です。

第1章でも説明したように、ＨＳＰの子どもにとって親や兄弟との関係はきわめて重要です。家族との関係が良好であれば、さほどつらい思いをすることなく健《すこ》やかに成長することができます。しかし、親の理解がなかったり、乱暴な兄弟の中では、本来いちばんの安全基地であるはずの「家庭」でも安らぐことができず、ひとりでつらい思いをしながら過ごすことになってしまいます。

また、五感の鋭敏なＨＳＰの人にとって住環境もきわめて重要です。たとえば、幹線道路に近い住居の場合、常に騒音に悩まされることになります。

このように、家庭環境という要素は基本であるとともに影響力や密度が濃い要素であり、ＨＳＰの人にとってかなり重要な要素になっていることも少なくありません。

「社会環境」は大きく「職場（学校）環境」と「地域環境」とがあります。

仕事をしている職場はさまざまな人が集まって構成されています。そのため仕事上の問題となるのは、人間関係や職場の雰囲気であることが、仕事の悩みに関するさまざまな調査でわかっています。このように、非ＨＳＰの人にとっても職場の人間関係はたいへんなのですから、社会神経系が弱く人間関係の苦手なＨＳＰの人にとってはなおさら問題になりやすいことは容易に想像できます。

また、住んでいる地域の住環境や人間関係も見逃せません。たとえば、生活音やゴミ出しをめぐるご近所トラブルなどは、非ＨＳＰの人であっても起こることがあります。神経過敏や社会神経系の弱さを抱えるＨＳＰの人は、そうしたトラブルなどに巻きこまれやすいといえます。

さて、私たち人間は、水や食材、木材、燃料の供給、さらには潤《うるお》いややすらぎなど、「自然環境」からさまざまな恩恵を受けながら生きています。

しかし、現代の日本人のとくに都市部に住んでいる人の多くは、自然とのふれあいが少ない状況で、そのことを忘れがちです。そのため、自然による癒しの効果を得られずにいる人も少なくありません。

たとえば、40年ほど前に**「森林浴」**という言葉が生まれ、森林のリラックス効果が注目されるようになりました。

実際、精神的あるいは肉体的なストレスを抱えている人にとって、森が安らぎや癒しの効果を持つ空間であり、また、樹木が発散する揮発性物質（フィトンチッド）が健康増進に効果を発揮するなどの実証的なデータが蓄積されています。

また、子どもの頃に自然にふれる体験をすることで「学びの意欲の向上」や道徳観、正義感の形成につながるというデータもあります。近年では、森林浴から発展した、森林を利用してヘルスケアをおこなう「森林療法」も登場しています。

このあとの項目で詳しく説明しますが、私はＨＳＰの人をはじめ心の問題を抱える患者さんには、森林の健康効果をお伝えし、積極的に自然にふれるようおすすめしています。

このように環境から受ける影響は多大です。ただ、環境は自分ひとりの力で変えられるものではありません。

環境という視点を考えるときに重要なのは、「環境の良し悪し」というより「環境との関係の取り方・関係性」です。

たとえば、職場の人間関係の場合、相性の良し悪しはおいておいて、どのような距離間でつきあうのがお互いに心地いいのか、という視点です。

また、**環境という視点が狭くなっていると、どうしても自分中心の視点ばかりになってしまい、悩みや苦痛を持ちやすくなります**。そのようなときには、第２章で説明した、「私」という視点だけでなく「私たち」「それ」「それら」という４つの視点から考えるインテグラル理論が役立ちます。

心身のバランスのずれを知らせるサイン

「身体―心―魂・霊性―環境」について理解いただけたでしょうか。

ホリスティック医学では、心身に何らかの症状があらわれて病のような状態になっているときには、「身体―心―魂・霊性」というその人自身のバランスに「ずれ」が生じ、社会など周囲の「環境」とのミスマッチが起こっているとみます。

つまり「身体―心―魂・霊性」のバランスのずれが症状や病という状態を引き起こしているわけです。

しかしながら、ホリスティック医学では、バランスのずれを悪いとはとらえません。なぜなら、このずれは、「身体―心―魂・霊性」のバランスが崩れていることを知らせる「サイン」としてとらえるからです。つまり、**「症状」はすべて何か好ましくないことが起こっているという「サイン＝お知らせ」であり、ある意味、「ありがたいもの」といえる**のです。

それでは、「身体―心―魂・霊性」のバランスがずれる原因にはどのようなことがあるのでしょうか。原因はいろいろありますが、ここでは「身体への負担（body）」「心の状態（mind）」「生き方・信念の問題（spirit）」について話をします。

「身体への負担」というのは比較的わかりやすいものですが、とはいえ、通常の現代医学の視点からの身体のとらえ方では理解できない状態も少なくありません。第1章で触れたトラウマの症状などがそうです。

このようなケースでは、現代医学とは異なった身体観を持つ東洋医学やソマティック心理療法などによるアプローチが有効です。そして、このような場合には、ライフスタイルの見直しや生活習慣の改善が重要であり、さらにはセルフケアという対策も必要になります。

「心の状態が原因で身体の病気になる」という心身の相関関係のあることは、少しずつ知られるところとなってきました。ホリスティック医学では、「心の状態」が原因の場合、安定剤などを使うこともありますが、根本的には**「休養して、緊張をとる」**というようなことが処方となります。

たとえば「仕事をもっと減らす」とか「ゆっくり過ごす時間をとる」など、本来医者がしないような処方をすることも少なくありません。このような処方が出た場合、患者さん自身の取り組みの問題になってきますので、服薬するのに比べると、簡単ではありません。患者さんが主体的に取り組んでいかなくてはならないからです。

「生き方・信念（魂・霊性）の問題」によって病気になるというのは理解しにくいかもしれません。

たとえば、「医師にお酒を控えるよういわれているけれど、なかなかやめられない」という人がいます。このように、心身の不調を感じながらもライフスタイルや生活習慣を変えられないような場合、その人の「生き方・信念（魂・霊性）」という視点が必要になってきます。

植物療法のひとつであるフラワーエッセンス（花のエッセンス＝エネルギーを水に転写したもの）の創始者であるエドワード・バッチ博士は、魂・霊性と身体の関係を次のように述べています。

「魂は特定の使命のために与えられるものであり、その人がその使命を果たさない限り、魂とパーソナリティの間に葛藤《かっとう》が生まれ、それが必然的に身体の機能障害として発現してくる」

ということは、自分の「本心」を探り、本来の生き方・信念に気づくことで生きる価値観が変わる（それを「実存的変容」とか「実存的転換」といいます）と、身体の機能障害も治っていきます。たとえば、がんの自然退縮・治癒の起こる要因のひとつは実存的変容であるとされています。

さて、HSPはその人の生まれながらの気質ですから、根本的には**魂の問題**といえます。たとえば、「自分より人を優先する」という価値観が、自身の人生を生きることをむずかしくしています。さらに、そうした価値観によって生じる周囲とのギャップから心が常に緊張状態にあり、それによって凍りつき現象などの身体症状があらわれてくることを考えると、心の状態と魂・霊性の問題との両方が原因となってバランスのずれが生じていると考えられます。

自己治癒力を引き出す！

前の項目で見たように「身体―心―魂・霊性」のバランスがずれる原因はさまざまですが、原因がだいたいわかれば、ホリスティックな視点を持ってバランスを元の状態に戻すことに取り組むことで、「治る」ことにつながります。

そして、「自分で自分を治そうとする」つまり本人が治療に取り組むのがホリスティック医学ですから、そういう意味では「自己治癒」という表現もできるでしょう。

つまり、**「身体と心・魂のバランスが崩れていることに気づき、そのずれを修正・変容することで、自己治癒が起こる」**ということです。

この「自己治癒」の「治癒」という現象は、基本的には「内から起こるもの」であり、薬剤や処置などの治療のように外からの働きで起こるものではない、とされています。

そして、一般的に「自己治癒力＝免疫力」と考えられていますが、ホリスティック医療の第一人者であるワイル博士は「治癒系（自己治癒力）」という免疫系を超えた広いメカニズムとしてとらえています。

また、ワイル博士は「治癒（healing）」とは「全体性を回復すること」であると述べています。つまり、「身体―心―魂・霊性―環境」という全体性を回復することによって治癒が起こるようになるとしています。

それでは、ＨＳＰ気質によって苦しんでいたり、生きるのがつらくなっている人に、ホリスティックな視点からどのようにアプローチしていくのか、具体的な方法については第4章で説明します。

第4章　もっと生きやすくなるためのアプローチ法

なぜ生きづらいのかがわからない……

ホリスティックなアプローチがＨＳＰに有効なのは、まず、たくさんの視点があることに気づくことで、自分をあらためて見つめ直す機会を得られることです。そして、短所と思っていた部分が、自分の個性や特性であるというふうに意識が変わり、同時に森林療法などで心身のケアをすることで、ＨＳＰ気質によって生じている「身体―心―魂・霊性」のバランスの「ずれ」の調整を施《ほどこ》すことができることです。

そうして、自分自身のことを肯定的にとらえられるようになれば、取り巻く環境ともうまく折りあえる方法が見えるようになり、生き方も変わってくるでしょう。

したがってＨＳＰに対するアプローチとしては、まず**「ＨＳＰという気質を理解」したうえで「ライフスタイルを見直して生活習慣や環境を改善」し、「心身のケア」をおこないながら、ＨＳＰという気質に合った生き方へとシフトしていく**という順序になります。

この章では、非ＨＳＰが多数派をしめる社会の中で、ＨＳＰが自己実現していくにはどのように考え、生活していけばいいのか、そのアプローチ法について説明します。心身を癒《いや》す「セルフケア」の方法については、第５章で詳しく説明します。

ＨＳＰの人がその苦しみや生きづらさから解放されるためには、まず「ＨＳＰとはどういう気質なのか」「ＨＳＰ気質の人の身体や心の働きはどういう状態なのか」など、ＨＳＰについて正しく知り、ＨＳＰである自分自身のことを理解して受け入れることが重要です。

「それだけでは意味がないでしょう」という人もいますが、それは大きな間違いです。

私のクリニックを受診されるＨＳＰの人の多くは、「ＨＳＰチェックリスト」（30ページ）のすべてにチェックが入るほど典型的なタイプというわけではありません。そのような「ＨＳＰ傾向」の人に、ＨＳＰについてきちんと説明し、「あなたは深刻なタイプではありませんよ。生活を工夫すれば随分と楽になりますから」とお伝えすると、みなさんとても安心され「（ここに）来たかいがありました」とおっしゃいます。

そのように、さほど深刻でないケースも含めてＨＳＰ気質の人は、「自分はなぜ生きづらいのか」という理由がはっきりとわからないために、ただただ自分自身を責めて絶望的になっていることが少なくありません。

ですから、

「ＨＳＰはきわめて敏感で繊細《せんさい》な性質というだけで、治《なお》さなくてはいけないような悪い病気などでは決してない」

「むしろごく一部の人だけに与えられたギフトであり、その気質とうまくつきあうことで大きな武器になる」ということを知っておくことは、とても重要なことです。そして、

「敏感すぎるために、そうでない人つまり、ある意味鈍感な人たちが主流をしめる社会では生きづらく、生活に支障が出ることがある。問題はそこなのだ」

という認識を持つことも大切です。

心療内科の領域

ＨＳＰの人には、神経過敏から頭痛や腹痛などの身体的な症状が出る人もいます。そのような場合、たいていまず内科を受診されます。しかし、内科的な検査をしても原因が見当たらないため医師から「とくに異常はありません」といわれ、「でも痛いんです」と何度も訴えたことで「心療内科にいったほうがいいですよ」とすすめられ、「見放されたような気持ち」になって当院に来られる人もいます。

そのように、症状によっては心療内科の領域とは気づかず遠回りされる人もいます。ま

た、心療内科を受診することに抵抗を感じて、決心がなかなかつかなかったという人もいます。しかし、どのような形であっても、最終的に心療内科にたどり着いてもらえればいいのです。

ＨＳＰであることに気がつかず、ずっと「やっぱり自分はダメな人間なんだ」と思い続けていると、そのまま精神を病《や》んでうつ病などの精神疾患《しっかん》を発症してしまうこともあります。そうなると、治療には長い時間がかかることになります。

その点からも、「ＨＳＰについて正しく知る」ことは、とても重要なことだといえます。

ＨＳＰのメリット・デメリットを理解する

さて、ＨＳＰという気質については、第1章を通して詳しく説明していますので、だいたいわかっていただけたのではないかと思います。

簡単におさらいをすると、

・ＨＳＰの人には通称ＤＯＳＥと呼ばれる次の４つの特徴がある。ＨＳＰの人は非ＨＳＰの人に比べて、

「神経システムが高度に機能していて、情報処理の仕方が深い」

「感じ取る刺激量が多い」

「ミラーニューロンの機能が人一倍発達しており、共感力が高く感情移入しやすい」

「些細《ささい》な情報も敏感に処理できるので、非ＨＳＰの人にはない第六感やギフテッドといった特別な能力があるように見える」

・ＨＳＰの人は社会神経系といわれる腹側《ふくそく》迷走神経の働きが弱い
・ＨＳＰの人は「私」（＝自分）より「私たち」（＝集団）を優先して考える
・ＨＳＰの人は周囲（＝社会）より意識レベルが高い

また、こうした特徴から次のような優《すぐ》れた点があります。

・危機を早期に察知する能力がある
・直感が鋭く、スピリチュアルな体験をすることも多い
・優れた五感を持ち、おいしいものを十分に味わうことができ、アロマテラピーの効果も普通の人より高い
・アート・音楽など美を理解する能力が高く、豊かな創造性を持つ
・優れた良心の持ち主で裏切り行為をしない誠実さがある
・愛情や喜びをより深く感じる

・親切で共感力が高く、相手の気持ちに寄り添うことができる
・環境問題に対する関心が高く、動物にもやさしい

ＨＳＰの人には「自分は人より劣っている」「生きている価値のない存在だ」と自分を責め続けながら生きている人も多いものです。しかし、たとえば、感じている刺激量にかなりの差があることを知ることで、「みんなは大丈夫なのに自分だけが耐えられないのは、決して自分が甘えているからでも、感覚がおかしかったからでもない」ということがわかります。

そのように、これまで耐えられなかったことや受け入れられなかったことを正しく知ることで、「自分はダメだと思っていたけれど、本当はそうでない」ことを理解し、「本当の自分」を受け入れられるようになれば、前向きな気持ちで人生と向きあえるようになります。

そして、「ＨＳＰの自分が生きやすくなるにはどうすればいいか」を考え、それを実践することで、人生をどんどん豊かに変えていけます。

ライフスタイルの見直しが第一歩

「HSP気質の自分」についてだいたい理解いただけたと思います。

自分と向きあい見つめ直すことで、「超敏感な自分」のことを前向きにとらえることができたら、自分らしく生きられるよう生き方を設定し直しましょう。

そのための第一歩となるのが、「ライフスタイルの見直し」です。ライフスタイルとは簡単にいうと「生き方」です。人生観・価値観・習慣・文化などを含めた個人の生き方のことで、生活様式ともいいます。その中には、思考や行動傾向なども含まれます。

いまの人生が苦しかったり、生きづらいと感じているのであれば、あるいはいまの自分に満足していないのであれば、ライフスタイルを見直して、必要に応じて変えていく必要があります。

たとえば、現代社会では「やりがいのある仕事に邁進《まいしん》し、バリバリと社会で活躍する」とか「ステップアップを重ね、自分の夢を叶《かな》える」ということを目標に、毎日を過ごしている人も少なくありません。

ですが、たとえば、成績をあげるために食事もろくに取らず仕事をするとか、残業を繰り返すというような不摂生《ふせっせい》な生活は、非ＨＳＰの人なら耐えられても、同じことを繊細なＨＳＰの人がやると大きなストレスを抱えることになります。

それでも「みんなと同じような生き方をしたい」というのであれば、それはポリシーですから止めることはできません。ですが、ストレスによって心身にダメージを受け、場合によっては心身症（ストレス関連身体疾患）やうつ病などを発症する可能性もあることは理解しておいてください。

毎日を慌《あわ》ただしく過ごしていると、自分がどのような生き方をしているのか、どのように生きたいのかが、よくわからなくなるものです。自分の現状を把握するためにも、この機会にぜひ、自分の生き方について落ち着いて考える時間を設けてください。

ライフスタイルはその人の生き方そのものであり、人それぞれです。自分らしさを見つめ直し、既成概念や固定観念に縛られない「自分にとっての心地よい生活スタイル」を手に入れてください。

治療をはじめましょう！

人生は選択の連続です。何時に起きるのか、朝食には何を食べるのか、何時に出社して仕事はどのようにすすめるのか、何時に帰宅して寝るのか……これらの選択をし続けることでライフスタイルは成り立っています。

つまり、ライフスタイルを見直すうえで、「生活パターン」いいかえれば「生活習慣」の見直しは不可欠です。

実は、ＨＳＰの人に限らず患者さんに「まずライフスタイルを見直し、生活習慣を改善しましょう」という指導をすると、戸惑われる人が少なくありません。多くの人が、生活習慣の改善を「治療」ととらえていないのです。

ですが、ホリスティック医療に限らず「生活習慣の改善」は、あらゆる病気の治療の基盤です。たとえば、糖尿病や高血圧のような「生活習慣病」のことを考えていただければ、生活習慣の見直しが重要であることは、十分理解いただけると思います。

ホリスティック医療でも、森林療法などさまざまな療法がありますが、いきなりそれらをおこなうのではなく、まず生活指導から治療をはじめます。セルフケアや代替《だいたい》療法をおこなうのは、その次のステップです。

＊生活習慣の改善①「衣・食・住」

人が生活していくうえで必要な衣服、食事、住居は生活の基本です。これらが、自然に即したもの、たとえば気候や環境に適したものになっているかということが大事です。

たとえば、ＨＳＰの人は神経過敏のため、服の素材やタグなどチクチクする感触が苦手だったりします。そのように着心地の悪さを感じていると、それが気になってイライラしたり集中が削がれたりします。

肌ざわりが気になる衣類があれば、これを機に処分して、**常に着心地のいいものを身につける**ようにしましょう。

食事は、栄養バランスのとれたものを基本的に１日２～３回、なるべく**決まった時間にとる**ことが大切です。

住まいに関しては、清潔であることはもちろんですが、**建材にアレルギー物質が使われていない**こと。また、温度や湿度、日当たりなどが適切で、なおかつ騒音や臭いなどの問題のないところであることが重要です。

＊生活習慣の改善②「活動・休息」

「活動」と「休息」という「動」と「静」のバランスも大事です。

「活動」には、「身体活動・運動」という面と「社会活動（仕事やグループ活動など）」という面とがあります。

ＨＳＰの人は社会神経系が弱いため、社会活動の苦手な人も少なくありません。あとの項目で説明しますが、たとえば仕事であれば、ＨＳＰ特有の能力を生かせる職種もあります。これから就職をする人や転職を考えている人は、「自分のしたいこと」という視点も大事ですが、「自分の気質に合っているか」という視点も大切にしてください。

「休息」は、「睡眠」「休憩」「休養」の３つに分けて考えてください。

「睡眠」はよくいわれるように、長さだけでなく質も重要です。「いい眠り」のためには寝る場所つまり**寝室や寝具を快適に整える**ことが大切。人生の３分の１は眠って過ごすのですから、枕やふとんは定期的に見直し、常に心地いい状態をキープするよう心がけてください。

また、ＨＳＰの人は肌に触れるものに敏感ですから、パジャマ選びも大切です。

日中の活動中は適度に「休憩」をとることが重要です。多忙な人は「休んでいる暇などない」などといいますが、ベストなパフォーマンスのためには適度に休憩をとる必要があります。スマートフォンを充電する必要があるのと同じように、私たちの心身も活動中にときどき充電をしてエネルギーを回復する必要があります。

休息は
3つに分けて!
睡眠は質
チクチクしない
パジャマ
寝具も快適に
休憩
で気晴らし
香りのいいお茶
とか
お気に入りの
場所
休養
でリフレッシュ
未来の
ために!

最近の研究によって、勤務中にもっとも効果的にエネルギーを回復させる方法がわかってきました。

まず大切なのは休憩をとるタイミングです。多くの人は、午前中はあまり休憩をとらず、午後にとることを考えます。しかし、研究によって、午後よりも朝に休憩をとるほうが心身の疲労回復により効果的であることがわかったそうです。

また、頻繁《ひんぱん》に休憩をとれば休憩時間はほんの数分程度でも効果があり、反対に休憩の回数が少ないと1回の休憩に長い時間をかけないと期待する効果を得られないこともわかったそうです。つまり、**朝のうちから短い休憩をこまめにとることが大事**ということです。

さらに、休憩をとるときは、一旦その場を離れて活動モードのスイッチを完全にオフにする必要があることもわかってきました。

たとえば、仕事と関係はなくても、ネット検索をしたり新聞や本を読んだりという認知的活動をおこなうと、むしろ疲労度が高まるという結果が出たそうです。したがって、休憩時間にはなるべく席を立ってぼーっとしたり、同僚と仕事とは関係のないおしゃべりをしたりして、気晴らしをすることが大切です。

ＨＳＰの人は周りの目を気にしがちなため、頻繁に休憩をとることをためらってしまうかもしれません。たとえば、コピーを取りに行ったときに深呼吸をしながら首や肩のストレッチをするなど、短い休憩なら隙間時間をうまく利用することでとることができます。自分なりに上手に休憩できる方法をぜひ見つけてください。

「休養」は数日から数週間の休みのことですが、本来、「休む」ことと「養う」ことの両方の要素を含んでいます。

「休」は、労働や活動などによって生じた心身の疲労を休んだり眠ったりすることで解消し、元の活力を取り戻して健康状態を保つことです。一方、「養」は適度な運動や趣味の活動などで心身をリフレッシュし英気を養うことで、積極的休養ともいいます。

つまり、**休養は、いま現在のためだけでなく、「未来のため」に適度に休んで養う**という価値があるのです。

＊生活習慣の改善③生活リズム

これは睡眠のサイクルからはじまりますが、**重要なのは「寝る時間」よりも「起きる時間」**です。起きる時間によって寝る時刻が決まるよう体内時計がセットされているからです。もう少し詳しくいうと、朝起きて太陽の光を浴びることで、体内時計は一旦リセットされます。そして、そこから約16時間後に睡眠物質のメラトニンが分泌され、ふたたび眠りにつきます。

ですから、体内時計を安定させ規則正しい睡眠を維持するには、起きる時間を一定にすることが重要なのです。そうして眠る時間が一定になれば、「食べる時間」も一定になるため、内臓が規則的に働きやすくなります。

生活のリズムが整うと身体機能は働きやすくなります。健康を取り戻したり、健康を維持したりするうえで、生活のリズムを一定させることはとても大事なことです。

HSPの人はストレスを抱えやすいため、不眠に悩んでいる人も少なくありません。夜なかなか寝つけなかったり眠りが浅かったりすると、朝起きるのをつらく感じるかもしれませんが、頑張って毎朝同じ時間に起きるようにしましょう。同じ時間に起きる習慣がつけば、自然に睡眠のリズムが整い、夜もよく眠れるようになってきます。

＊生活習慣の改善④エネルギーの使い方

第3章で「(私たちには)免疫系を超えた治癒系《ちゆけい》というメカニズムが備わっている」という説明をしました。ワイル博士は、その治癒系が低下する原因として「エネルギー不足」をあげています。そして、エネルギーが不足する理由として、「エネルギーの過剰使用」と「代謝エネルギー不足」をあげています。

ＨＳＰの人は「エネルギーの使いすぎ」に陥《おちい》る傾向があります。

たとえば、ＨＳＰの人は受け取る刺激量が多く、しかもひとつひとつを深く処理するため、普通の人よりエネルギーをたくさん使います。

また、人から頼みごとをされると断るのが苦手なため、自分のキャパシティーを超えるほどの仕事を引き受けては残業を繰り返すなど、知らず知らずのうちにオーバーワークになっていることも珍しくありません。まして、そのためのパワーを得ようとして刺激の強いカフェインの入ったコーヒーや強壮剤を頻繁に飲んでいたり、疲れすぎて寝つきが悪くなったために寝酒を習慣にしていたりすると、ますますエネルギーを消耗してしまいます。

加えて、ＨＳＰの人は代謝エネルギーも不足しがちです。

たとえば、呼吸と感情は密接な関係にあり、心身が緊張した状態になると呼吸は浅くなります。呼吸が浅くなると一度の呼吸で体内に取りこむ酸素の量が少なくなるため、体内の酸素が不足します。代謝エネルギーは、細胞のミトコンドリアの中で酸素を用いてつくられますから、呼吸によって取り入れる酸素が少ないと、エネルギー不足が起こります。

ＨＳＰの人は、日常的な軽度の危機的状況も深刻に受け止めるため日頃から緊張状態に陥りやすく、それだけ呼吸も浅くなりがちで、結果、代謝エネルギーが不足しがちです。

さらに、誤った食生活や消化障害などがあると代謝エネルギーはますます不足してしまいます。

このように、**HSPの人は、代謝エネルギーが不足しやすいにもかかわらず、エネルギーを使いすぎる傾向にあるため、全体的にエネルギー不足に陥りやすく、治癒系が十分に働きにくい状態にあります。**

ここまで見てきたように、HSPの人は、たとえばストレスを抱えこみやすいため不眠になりやすく、結果、睡眠のリズムが乱れやすいなど、ライフスタイルや生活習慣が治癒系を阻害《そがい》する要因になっていることがよくあります。

その原因となっているライフスタイルや生活習慣をそのままにしておいては、どのようなセルフケアや療法をおこなっても、効果はざるの目から漏れていくような状態になってしまいます。したがって、何よりもまずは「ライフスタイルの見直しと生活環境の改善」に取り組み、低下していた治癒系を高めることが重要です。

居心地のいい環境3つの条件

HSPの超敏感力は、環境によってプラスにもマイナスにも作用します。たとえば、霊能力を駆使して、人の治療をしたり魂を癒したり宇宙の問題を解消したりするシャーマン（祈禱師《きとうし》・巫女《みこ》）のような存在が尊ばれている社会においては、大きな社会的役割を担い尊敬を集めるでしょう。

しかし、現代社会では、全体の流れとして科学的根拠を重視する傾向にあり、ＨＳＰのそうした非凡な能力はなかなか認められにくい状況です。

そういう社会情勢の中で、ＨＳＰの人が本来の能力を少しでも発揮できるようになるには、環境選びが重要です。つまり、ＨＳＰ気質を逆《さか》なでしないような居心地のいい環境に身を置くことが大切です。

それでは、ＨＳＰ気質の人が居心地のいい環境とは、どのようなところでしょうか。ＨＳＰの人が能力を発揮できる環境とは、主に次の３つの条件がそろうところです。

・音による聴覚刺激が少ない
・人と関わる機会が少ない
・競争が少ない

現実の社会では、これら3つの条件がはじめからそろっているところを探すのはむずかしいと思います。ですから、そのような環境を自らつくる工夫が必要です。

刺激を緩和するアイテムを活用

ＨＳＰの超敏感力の中でも、影響が大きいのが聴覚過敏です。第1章でもお話ししたように、ＨＳＰの人がトラウマになりやすいのは、聴覚過敏によるところが大きいと考えられます。ですから、騒々しい場所では自律神経のバランスが崩れやすく、騒音に対処するだけで精いっぱいになり、それだけで疲れてしまいます。

ですが、家から一歩、外に出ると、行き交う車や通り過ぎる人の足音、どこかの工事の音など、さまざまな雑音が溢《あふ》れています。そうした音をなるべくシャットアウトするには、道具を使うのもひとつの方法です。

たとえば、電車内ではイヤホンをしている人が多いものですが、そういう人たちがみな音楽を聴《き》いているわけではありません。ＨＳＰの人は音に敏感すぎるので、雑音をシャットアウトするために耳栓《みみせん》がわりに、音楽はかけないでイヤホンをしている人も少なくありません。

耳栓をするのは憚《はばか》られるという人は、このようにイヤホンを使うことで周りの音を遮断することができます。

なお、最近では、騒音だけを消してくれるノイズキャンセリングのイヤホンやヘッドホンなども販売されており、これらも音楽をかけない状態であれば耳栓として活用できます。ただし、「サーッ」というノイズが発生します。音楽を流していれば聞こえないようなレベルですが、耳栓がわりとして使用する場合、ＨＳＰの人には気になることもあるので注意が必要です。

また、音楽を聴くのであれば、ロックのようなハードなものではなく、ソフトな音色のものにしましょう。

クラシックであれば音楽療法にもよく使われる**モーツァルトがおすすめ**です。モーツァルトの曲は、生体機能に刺激を与える高周波の音を多く含んでおり、脊髄《せきずい》から脳にかけての神経系に作用し、生体機能を整える効果があるとされています。

さて、聴覚とともに影響が大きいのが視覚からの刺激です。光による刺激に弱いという人は、偏光レンズのメガネやサングラスを活用してみるのもいいでしょう。

また、ＨＳＰの人は電車などで目の前の座席に座っている人などまったく知らない相手であっても、その表情から「この人なんだかつらそうだけど、何があったのかな。このまま出勤しても大丈夫なんだろか」などと考えて、自分が苦しくなったりします。

そのように、視覚からの情報に振りまわされやすいという人は、公共の乗り物やカフェなど人の多いところでは、**「ふり」でいいので本や携帯電話に視線を向け、なるべく周囲の人からの刺激を受け取らないようにする**というのもひとつの知恵です。

そういう意味では、スマートフォンなども刺激を緩和《かんわ》するためのアイテムのひとつといえます。ただし、使い方にはくれぐれも注意してください。

ＨＳＰの人はそれでなくても受け取る情報量が多く、その処理にエネルギーを使っていますから、スマホなどから流れてくる情報を無意識に取り入れていると、あっという間に容量オーバーになってしまいます。

とくに、外向的なＨＳＳ型ＨＳＰの人にはＳＮＳを利用しているという人もいらっしゃると思いますが、ＳＮＳ上では誹謗中傷《ひぼうちゅうしょう》も起こりやすく、巻きこまれると、ひどく傷つくことになります。

ものは使いようで、スマホを情報を得るツールとして手軽に使っている人も多いと思いますが、ＨＳＰの人は発想を転換して、むしろ情報から身を守るためのツールと考えて賢く利用してください。

絶妙な人との距離のとり方

ＨＳＰの人は社会神経系の働きが弱いため、コミュニケーションをとることがあまり得意ではありません。それに、周りの人の声やしぐさ、笑い声などに敏感に反応するため、大勢でいるととても疲れてしまいます。ですから、人と関わる機会の少ない場のほうが不安や疲労が少なく、落ち着いて過ごせます。

ですから、仕事もなるべく人との共同作業が少なく、自分ひとりでコツコツできるような業種につくのが適しています。

とはいえ、すでに会社勤めをしていて、転職もなかなかむずかしいという人も多いと思います。そのような人は、周囲の人たちと適度な距離を保って接することを心がけてください。そのためには、周囲の人の様子をあまりうかがわないようにすることです。

ＨＳＰの人は「誰か困っている人はいないか」という気づかいのアンテナを常に立てているため、無意識のうちに周囲の人たちを見てしまうクセがあります。とくに誰も困っていないときはいいのですが、普通の人がそのように周囲を見まわすのは、たいてい「誰か仕事を手伝ってくれる人はいないかな」という気持ちからだったりします。

そうして目が合ってしまうと、相手はすかさず「ちょっといいかな」と声をかけることになり、HSPの人はミラーニューロン効果（相手の気持ちになって共感する）が高く頼まれると断れないため、どんなに手いっぱいの状況であっても、つい引き受けてしまうことになります。

そうして、相手は助かるけれど自分はたいへんなことになって、結果、心身を消耗したうえに評価も下がる、という損な役まわりを押しつけられることもよくあります。

こうしたミラーニューロン効果を防ぐには、**うかつに人を見ないこと。そして、もし気づいても、スルーすることを覚える**ことです。

たとえば、人が何かに集中しているときというのは、視線がじっと作業中のものに注がれ、周囲から見ても緊張状態であることがわかります。そういう相手には、うかつに声をかけられないものです。

非HSPの人はそのことが経験上わかっているため、忙しくて誰からも邪魔をされたくないようなときには、あえてそういう態度を示します。「いま忙しいから話しかけないでモード」に入ることで、目に見えないバリアを張っているのです。

HSPの人にとっては、気づいているのにスルーするというのはハードルが高いかもし

人の様子をうかがわない
バリア
スルー
うかつに人を見ない
心身の消耗を防ぐ

れません。ですが、相手と目が合う前にバリアを張ってしまえば、相手は意識的にスルーされていることに気づかないか、気づいても「お互いさま」ととらえてとくに悪くはとりません。ですから、こういうときこそＨＳＰの高感度センサーを駆使して、「あの人はこれから人手を探しそうだな」と察知したら、あえてそちらを見ないようにし、自分の作業に集中しましょう。

ミラーニューロン効果をシャットアウトできるようになれば、人に振りまわされることを回避しやすくなります。

「ゼロか１００か」で考えない

もしもバリアを張る前に目が合ってしまい、頼みごとをされたような場合には、社会神経系を働かせて「交渉すること」を覚えましょう。

人から何か頼みごとをされたとき、「受ける」「断る」の二者択一しかないわけではありません。たとえば、「これを終えてからでもいいですか」とか、「全部は無理かもしれないけど、半分ぐらいなら」とか交渉することで、自分を犠牲にせず相手を助けることが可能になります。

交渉の結果、うまく折りあいがつかず「まったく手伝えない」という状況になったとしても、相手は「手伝おうとしてくれた」と受け止め、いい印象を持つでしょう。

ＨＳＰの人は完全主義の傾向があるため、何ごともゼロか１００で考えてしまいがちです。ですが、現実のものごとというのは、そんなに簡単に割り切れることばかりではありません。「中庸《ちゅうよう》」という言葉もあるように、**白にも黒にも偏《かたよ》らないその間の道を探す**ことも、世間をうまく渡っていくうえで必要な知恵です。

「したい」という気持ちをスルー

ところで、刺激追求型気質を併《あわ》せ持つＨＳＳ型ＨＳＰの人は、別の意味でスルーすることを覚える必要があります。

好奇心旺盛《おうせい》なのは気質ですから、「行きたいと思うこと」を変えるのはむずかしいでしょう。ですが、「行きたい」という気持ちのままに動いてしまうことで、ひどく傷ついてしまうのならば、「行きたくても、行かない」ようにすることです。つまり、「行きたい」という気持ちをスルーするのです。

誰でも「こうしたい」という衝動的な思いを抑えるのは、なかなかむずかしいものです。

しかし、思いは抑えられなくても、衝動的な行動を抑えることは可能であることがわかっています。

これまでの脳科学の研究によって、私たちが「こうしよう」という意識的な決定をしてから実際に「動作」をはじめるまでに約０・２秒かかるが、実はその意識的な決定をするさらに０・３５秒前に、意識とは関係なく脳はすでに行動を決定している、ということがわかっています。

こうした結果から、長年にわたって「人間に自由意志はあるのか、それとも、それは過去の記憶や経験から無意識下で形成された脳のネットワークによる化学的な決定なのか」という論争が繰り広げられ、近年では「人間に自由意志など存在せず、脳が決定を下したのち、それが自分の意思《いし》として意識にのぼるのだ」と考えられるようになっていました。

しかし、最近の研究によって「自由意志は存在する」ことが確かめられたのです。

これは、脳が「行く」という命令を出し、「行きたい」という意識が浮上して実際に動き出す前に、自分の意志によってその脳の命令を中断もしくは止めることができるということです。

ただし、自由意志が存在するのは「ほんのわずかな間だけ」ともいわれています。研究によると、脳の決定した動作を意志によって止められるのは、動作を開始する０・２秒前までだそうです。つまり、脳が「行く」という決断をしてから、実際に「行く」までに０・５５秒あるわけですが、実際に動き出す０・２秒前までに意思決定しないと、止められないということ。したがって、意志が働くのは０・３５秒間程度ということです。

このわずか０・３５秒程度の間に、脳の命令に逆らって「行きたいけど、行かない」という選択をすることができるわけです。

「理屈ではわかるけど、具体的にはどうすればいいの？」

そのような声が聞こえてきそうですね。

答えは、よくいわれるように、**動く前に「一度立ち止まってみる」**ことです。

脳の命令を意志によって拒否できるのは、実際に動き出す０・２秒前。これは脳の命令が意識として立ちのぼり、実際に動き出すまでの時間０・２秒とほぼ同じです。ですから、何かに好奇心をくすぐられて「したい」という衝動にかられてもすぐさま動かず、その瞬間は何もしないでおくのです。

その一瞬の停止が、無意識的な脳の決断をギリギリ自分の意志によって断ち切り、脳の命令をスルーするということを可能にします。

これは、考え方は変えられなくても、行動は変えられるということです。そして、それは「ＨＳＰ気質であっても生きやすくなる」ということにほかなりません。

コラム

自分次第で生き方が変えられることを証明した自由意志の実験とは

「自由意志はあるのか、ないのか」という論争が巻き起こるようになったのは、１９８３年にアメリカの生理学者ベンジャミン・リベットによっておこなわれた脳科学的実験がきっかけです。実験の結果わかったことはこうです。

平均的に、私たちが何らかの「動作」をはじめる約０・２秒前には、脳内に「意識的な決定」をあらわす電気信号があらわれる。しかし、そのさらに約０・３５秒前には、電気信号をうながす無意識的な「準備電位」があらわれている。

つまり、私たちが動作を開始するまでの一連の流れは次の通りということです。

・無意識的な準備電位（約０・３５秒前）

←

・意識的な決定の電気信号（約０・２秒前）

←

・動作の開始

この結果から、リベットは、私たちが「こうしよう」と意識的な決定をする約0・35秒前には、すでに脳によって決断がくだされていることになる。したがって、「人間には自由意志はないのだ」との結論を導きました。

この結果を受けて、「人間には自由意志など存在しない」と考えられるようになりました。

しかし、リベットは、意識的な決定のシグナルから動作開始までの約0・2秒にも注目していました。そしてその後も実験を続け、多くの場合、被験者は「準備電位」と「意識決定」のわずかな間に、動作を「拒否」する選択をすることができることを確認、その結果を「自由意志の証拠」としてとらえていました。

以来、数多くの研究実験がおこなわれてきました。

そして、ベルリン大学附属シャリテ病院による脳科学の研究チームによって、「自由意志は幻想ではなくほんのわずかな時間に限り存在する」という最新の研究結果が発表されました。

ドイツの研究チームがおこなった実験によって示されたのは、動作をおこなう約0・2秒前までならば動作を中断、または拒否することが可能、しかし、0・2秒を下回ると動作は止められない、というものでした。つまり、脳からの司令を拒否することは可能だけれど、後戻りできないポイントは確かに存在している。

つまるところ、脳の決断後に、ほんのわずかではあるけれど、私たちの自由意志が入りこむ隙があるということです。ということは、私たちは持って生まれた気質や生活がどうであれ、**自分次第でいくらでも生き方を変えられる**ということです。

超敏感力を生かす友だち選び

さて、ＨＳＰの人は、周囲の人たちと感覚や価値観が異なるため、心を許せる友だちや仲間が少なく、そのことに劣等感を持ってしまいがちです。ですが、「誰とでも仲よくする」というのは普通の人でもむずかしいもの。ましてＨＳＰの人にとっては、相当な無理をしなくてはなりません。気づかう相手が増えれば増えるほど、自分を消耗してしまうことになります。

「友だちは多いほうがいい」という人もいますが、ＨＳＰにとっては友だちが多いとそれだけ気をつかわなくてはいけない相手も多くなります。**友だちが増えるたびに自分を消耗させる**ことになるわけで、それでは友だちが多いほうが幸せとはいえません。むしろ、世の中には驚くほど無神経な人もいます。そのような人と関わると、ＨＳＰの人は振りまわされて疲れ果ててしまいます。

ＨＳＰの人には超敏感なセンサーによって相手の本質を見抜く力が備わっています。ですから、無意識のうちに「この人は自己中なタイプだから一緒にいるとたいへんそう」とか、「この人は屈託がないからそんなに気にしなくても大丈夫かも」などと感じ取っています。

そのＨＳＰならではの直感を信じて、「やばそう」と感じる相手とはあえて距離をおくことです。こういうときにこそ、ＨＳＰの超敏感力を生かすべきです。

世の中には、すごく繊細《せんさい》というわけではないけれど、そうかといって雑というわけでもない、「適度な感覚の持ち主」もいます。そういうタイプの人を見つけたら、勇気を出して自分から少し距離を縮め、関係をつないでみるのもいいと思います。

それに、無理をしなくても、世の中の２割はＨＳＰなのですから、きっと相性のいい相手が見つかります。ＨＳＰ同士であれば、同じような感覚やそれにともなう悩みを持っていますから、お互いにわかりあえることがたくさんあるはずです。お互いに気づかいあいながら、心地よい関係を築いていけるでしょう。

利益ファーストの生き方は向かない

現代社会は「競争社会」ともいわれ、社会のあらゆる分野で競争が激化しています。教育、事業、研究、金融……競争のない世界はほとんどないといっていいでしょう。「勝ち組」「負け組」という表現もあるように、いまの日本は勝った人間だけが豊かになるような格差社会になりつつあります。

そのような世界では、「相手がどうなろうと関係ない、自分だけが勝ち残ればそれでいい」という不健全な競争がいわば当たり前です。

しかし、HSPの人は、自分より周りの人たちを優先することから、競争に弱い傾向があります。「人を蹴落としてまで」ということができないのです。加えて、授業や試験を受けるときもその場の環境が静かでないと集中できないため、実力を養ったりそれを発揮したりするうえで大きなハンデを背負っているともいえます。

そのため、HSPは知的能力が高い傾向があるにもかかわらず、成績が振るわなかったり資格やスキルを取得するのが苦手だったりします。

ですが、優秀なゆえに完璧主義なところがあり、そういう「苦手な部分」「足りない部分」が気になって、「どうして自分だけダメなんだろう」という劣等感を抱えるようになったり、周囲の目や評価を気にしてしまうため、「きっとみんなにダメな人間だと思われている」などと悪い想像をめぐらせて、ますます自信を失ったりします。

このように、**ＨＳＰの人はハナから競争に向いていません。ですが、それは決して「負け組」に属しているということではありません。**

第２章のインテグラル理論の項目でも説明したように、競争段階にある社会全体の意識レベルより、自分のことだけを考えて行動することのできないＨＳＰの人たちの意識レベルは高い状態にあります。ですから、あえて自分より低いレベルのスタンダードを狙う必要などありません。ＨＳＰの人には「利益ファースト」の生き方は向いていないのです。

競争からは一歩身を引き、意識高く生きていきましょう。

コラム

ＨＳＰの相手とどうつきあう？

本書を手に取られている人の中には、自分自身ではなく周りや家族にＨＳＰの人がいるという人もいるかもしれません。

相手がＨＳＰの場合には、次のような点に留意してあげてください。

①理解を示す

ＨＳＰはきわめて繊細な神経の持ち主のため、不用意な言動で傷つく可能性があります。先に説明したＨＳＰの特徴に配慮をして、相手の尊厳を大切にする姿勢を持ってください。

②適切にほめる

人は、ほめられると脳の扁桃体《へんとうたい》という部分が心地いい状態になります。扁桃体が心地いい状態になると、大脳辺縁系という感情をつかさどる脳がプラス思考になるため、ほめることで相手は喜びを感じやすくなります。

ＨＳＰの人は、自己肯定感が低く、自信を持てずにいる人が少なくありません。いいところを見つけて、なるべくほめてあげてください。とくに、ＨＳＰの子どもには「ほめて育てる」という姿勢で接してあげてください。

ひとことのほめ言葉が人に自信を与え、人生を変えることもあります。まして、自己肯定感の低いＨＳＰの人にとっては、ほめ言葉はきっと心のよりどころになるはずです。

③やわらかなコミュニケーションを心がける

ＨＳＰの人は刺激に敏感ですから、辛辣《しんらつ》な態度にならないよう、穏《おだ》やかな心地いいコミュニケーションを心がけましょう。たとえば、トークスピードを緩《ゆる》やかにしたり、自然な笑顔で接したり、やさしい口調で話したりするのが、やわらかなコミュニケーションのコツです。

あとの項目で説明しますが、男性の声は女性の声より低く低周波成分が多いため、相手に恐怖を与えがちです。ですから、ＨＳＰのお子さんをお持ちのお父さんはその点を意識して、なるべく明るい声でやさしく子どもに接するよう心がけてください。

向いている仕事や働き方

前の項目で、居心地のいい環境を整える方法について説明しました。基本的な環境を整えたうえで、もうひとつ見直す必要があるのが「働き方」です。

「働き方」は「生き方」にも通じます。人生の大部分の時間を費やす仕事が苦痛でしかないなら「幸せな生き方」はできません。

まず、ＨＳＰの人にとって「どのような仕事につくのか」という、労働の基本である「仕事選び」はとても重要です。

仕事を選ぶとき、多くの人は「やりたい仕事はなんだろう」と考えますが、ＨＳＰの人は**「自分の気質に向いている仕事はなんだろう」**という視点を持つことが大切です。

たとえば、ＨＳＰの人には、常に成績を問われる営業職やクレーム対応を求められるお客様相談室のような仕事は適していません。また、コミュニケーションが苦手なので、美容師やショップの販売員、ツアーコンダクターなどの接客業も、あまり向いているとはいえません。

反対に、ＨＳＰの人に適しているのは、一般事務やデータ入力、工場で物を運ぶ、つくる、詰めるなどの作業、エンジニア、動画編集、校閲など、ひとりでコツコツ作業できる仕事です。

また、これまでＨＳＰの優れた点について述べましたが、そうしたＨＳＰ特有の気質を生かした職種であれば、力を発揮して楽しく仕事に取り組めるはずです。

たとえば、人に対する気づかいが優れていますから、介護職は天職といえるかもしれません。同じ理由から保育士も向いていますが、聴覚過敏のある人は子どもたちの騒ぎ声をつらく感じる可能性があるので、その点は注意が必要です。

また、想像力にも優れていますから、デザイナーやイラストレーター、あるいはものづくりの職人なども適しているでしょう。

カミングアウトで働きやすくなることも

ＨＳＰの人には、自分の敏感すぎる気質について人に打ち明けたり相談したりすることをためらう人も少なくありません。「おかしな人」「やっかいな人」と見られることを恐れてのことだと思います。

ですが、世の中、それほど意地悪な人はいません。周りは、あなたがＨＳＰだということを知らないから、配慮することができないだけで、そのことがわかれば「それはたいへんだね」と理解を示し、たいていは対処してくれます。

それでも、ＨＳＰの人には自分の気質のことを周りに隠している人も少なくありません。ですが、もしあなたがオフィス勤めをつらく感じているのなら、思い切って上司や人事課の人に打ち明けてみることをおすすめします。

というのも、会社勤めの場合、社員が自由に部署を選ぶことができないため、向いていない部署に配属されてしまうこともよくあるからです。そこで、あらかじめ、「騒がしい場所は苦手」とか「知らない人の前では極度に緊張するので、対人サービスのときに困ることがある」ことなどを伝えておくのです。そうすれば、その点を配慮して配属部署を考えてくれるはずです。あるいは、すでに配属されている部署が居心地が悪いと感じているのなら、その理由を正直に伝えることで、異動させてくれるかもしれません。

ただし、「これは苦手だけどこれは好きだから、こちらをやらせてください」という伝え方はよくありません。それでは「好きなことをやらせろ」といっているように受け取られてしまい、「わがままな人」と誤解されてしまいます。

仕事は好きであてがわれるものではありません。そのことを重々承知したうえで、交渉することが大切です。たとえば、「こちらの仕事ならできると思いますが、この仕事はどうしても自分に合わず、ご期待に十分おこたえすることができません。そこを配慮していただけますでしょうか」というアプローチであれば、相手も受け入れやすいと思います。

患者さんの中にも、上司に伝えたことで配置換えをしてもらい「働きやすくなった」という人がいらっしゃいます。

それに会社にとっても、社員がＨＳＰであることを認識しておくことはプラスになります。ＨＳＰの人には特有の能力がありますから、環境を整えることでその力を最大限に発揮してもらえれば、会社の利益につながりますから。まさに「適材適所」というわけです。

このように、**ＨＳＰであることをカミングアウトすることで、自分も周りもWin《ウィン》-Win《ウィン》の関係になる可能性がある**のです。

ワーケーション、ノマドワーク……

コロナ禍で在宅勤務が増えたことで、「それまでより働くことが楽になった」というＨＳＰの人も少なくありません。ＨＳＰであっても、オフィスに出勤する回数が少なければ通勤や対人関係のストレスが減り、それだけ働きやすくなるということです。

そうした中、ニューノーマルな働き方として「ワーケーション」がにわかに注目を集めるようになりました。これは、「ワーク（労働）」と「バケーション（休暇）」を組み合わせた造語で、オフィスを離れたどこか、たとえばリゾート地や帰省先などでテレワークを活用し、働きながら休暇をとる過ごし方です。

このあとの第5章で説明しますが、ＨＳＰの人にとっては、森林など自然に囲まれた静かな場所で過ごすことはとても大切です。ですから、海や山など自然の近くにいて、常にリフレッシュしながら働けるというのは理想的です。

また、ノマド（遊牧民）ワークという働き方もひとつの選択肢になるでしょう。

ノマドワークとは、ノートパソコンやタブレット端末、スマートフォンなどを使い、Wi-Fi《ワイファイ》環境のあるさまざまな場所で仕事をすることです。メリットは、自分にとって居心地のいい場所を選んで仕事をできるのでそれだけ集中しやすく、また、周りを気にせず自分のペースで仕事を進められることです。

ノマドワークをするノマドワーカーにはいろいろなタイプがあります。主流なのは、企業の肩書きを持たずひとりでインターネットにつながる場所を転々として仕事をしている一匹オオカミ的な自営業の人です。

一方で、職場としてのオフィスもデスクも存在するけれど、そこに縛られることなく自由な場所で仕事ができたり、オフィスは存在するけれど自分用のデスクは持たず社内の自由な場所で仕事ができるなど、企業が社員に対してノマドワーカースタイルを認めている場合もあります。

会社勤めを考えている人は、会社を選ぶときに、ノマドワークを認めているかどうかを判断基準のひとつにしてみてはどうでしょうか。

ＩＴの発展によっていつでもどこでもテレワークができる環境になりつつあり、働き方の選択肢も増える一方です。そういう意味では、ＨＳＰの人にとって働きやすい時代になりつつあるといえるかもしれません。

仕事から満足感や喜びを感じられるようになること、少なくとも働くことに苦痛を感じなくなることは、幸せへの近道です。

第5章　私がすすめるセルフケア

自分をいたわり大切にする

ライフスタイルを見直し、生活習慣や環境の改善に取り組むことで、治癒系《ちゆけい》（自己治癒力）を阻害《そがい》する要因が減り、居心地のよさを感じられるようになってくると、「身体―心―魂・霊性」のバランスのずれも少しずつ修正されてきます。

しかし、それだけですべてを解決できるわけではありません。ライフスタイルが変わっても、ＨＳＰ気質であることに変わりはありません。知らず知らずのうちにたくさんの刺激（情報）を取り入れては、それを処理することでエネルギーを使い続けています。

ですから、エネルギーを使いすぎないうちに、あるいはストレスをためすぎないうちに、「セルフケア」をすることが大事です。ＨＳＰの人は「心身の健康を自分で管理する」という意識を持ってください。

さて、セルフケアの方法にはさまざまあります。本書では、ＨＳＰの人に私がもっともおすすめする「森林療法」や、日常生活の中で簡単にできてなおかつ森林療法とも組み合わせることのできる「呼吸法」と「適度な運動」、さらに、典型的なＨＳＰである第１章のAさんに処方した治療法のうち、セルフケアとして日常生活に取り入れることのできる「アロマテラピー」を紹介します。

また、B子さんに処方した「ＬＰＰ」はそのままセルフケアに取り入れるのはむずかしいかもしれませんが、うまく応用することで生活の質の向上をはかることができるので、併《あわ》せて紹介します。

私がすすめるセルフケア①森林療法

「森林を散策すると気持ちが爽快《そうかい》になる」

「森の中で自然に囲まれると癒《いや》される」

このような森林の効果は以前から感覚的に知られてきました。それを「森林浴」と名づけ、「森林の香気（フィトンチッド）を浴びて精神的な安らぎと爽快な気分を得ること」として提唱したのは、約40年前の林野庁でした。

それを機に、「森林に入ってフィトンチッドを浴びるとリフレッシュされる」というイメージが広がっていきましたが、具体的にどのような要因によってどのような効果が引き起こされるのか、ということははっきりとしていませんでした。

近年、そうした森林の効果を調べるさまざまな研究がおこなわれ、科学的に実証されるようになってきました。そして最近になって、科学的エビデンスに基づき、森林浴から一歩踏みこみ、森林を治療や療法などに役立てようという「森林療法」が登場してきました。

NPO法人日本森林療法協会では森林療法を「森林を活用してヘルスケア（健康増進—医療—福祉にわたる対処）をおこなうこと」と定義しています。

森林療法は本来、代替《だいたい》療法に位置づけられるものですが、HSPにはとても相性のよい療法であり、日常的におこなうセルフケアのひとつとして積極的に取り入れることをおすすめします。

それでは、森林には具体的にどのような効果があるのか見ていきましょう。

森林は五感の鋭敏なHSP気質と相性がいい

これまでの研究によって明らかになったのは、まず**「森林には心身を癒す効果がある」**こと、そして、それは**「森林環境が人の五感を通して自律神経系に刺激を与え、自律神経機能をよいバランスへと変動させることによるもの」**ということです。

つまり、森林の効果は五感を通して得られるということで、この点こそ、私がHSPの人に森林療法をおすすめするいちばんの理由でもあります。

たとえば、森の静けさ、木漏れ日のやさしい光、木々や土、草花などアースカラーをベースとした落ち着いた色調……このような森林の中の環境は、五感の鋭敏すぎるＨＳＰの人にとって、神経を逆《さか》なでされることのない心安らぐ場所になります。

＊五感を刺激する森林の環境要因

・美しい風景や木漏れ日、景色の構成要素（樹木や草花、野鳥など）によってもたらされる落ち着いた色調など「視覚の快適性」

・静けさ、葉ずれの音、小川のせせらぎ、鳥のさえずり、虫の声など「聴覚の快適性」

・フィトンチッドと呼ばれる樹木が発散する特有の匂いや、花や土の香りなど「嗅覚の快適性」

・木の肌ざわりや、湿った土や落ち葉の上を歩くときの感触、頬に触れる心地よい風など「触覚の快適性」

・清らかな水や山菜、果物など自然の恵みによる「味覚の快適性」

このような五感にやさしい刺激に加えて、静かな雰囲気や穏《おだ》やかな気候、清浄な空気など、森林の環境によって総合的にもたらされる心地よさが、自律神経を安定させ心身のリラックスや癒しの効果をもたらします。

ＨＳＰの人にとっては、刺激の強い街を離れ、こうした五感にやさしい環境に身を置くだけでも、心身のケアになります。

森の香り「フィトンチッド」の健康効果

前にも触れましたが、樹木が発散する香り成分「フィトンチッド」にも身体を健康にする効果があります。フィトンチッドは、高等植物が傷ついたときに傷口を有害な微生物（菌や細菌）や昆虫から守るために放出する、殺菌力を持つ揮発性の精油成分です。

フィトンチッドが体内に取り入れられると免疫機能が高まることがわかっています。また、がん細胞を攻撃するＮＫ（ナチュラルキラー）細胞が増えることも確認されています。

免疫力が高まるということは、ホリスティック医療における治癒系も高まるということです。そして、「治癒」は「身体―心―魂・霊性」のバランス全体を回復させることで起こりますから、逆も真なりで、治癒系を高めることは「身体―心―魂・霊性」のバランスのずれを回復させることにつながります。この点からも、ＨＳＰの人にとって森林療法はとても有効だということがわかります。

さらに、フィトンチッドには消臭・脱臭作用もあります。森林の中には落ち葉や枯れ木、動物の死骸など悪臭の原因となるものがたくさんあるにもかかわらず、森の中で深呼吸をすると身体中に新鮮な空気が染みわたって爽快感を得られるのは、フィトンチッドの作用によるものです。

科学的に実証されている「森林の効果」

ここまでをまとめると、森林による効果は次の通りです。

・ストレスホルモンの減少……40分の森林浴によって、唾液中に含まれるコルチゾールというストレスホルモンが減少することがわかっています。また、同じように森林と都市部とでそれぞれ過ごした人の唾液中に含まれるコルチゾールの濃度を比較したところ「森林でリラックスすると濃度は低下した」ものの、都市部では目立った変化が見られなかったという研究報告もあります。

・生理的なリラックス効果……森林浴をしているときは、記憶や思考、感情をコントロールする脳の前頭前野の活動が沈静化され、気持ちが落ち着くことがわかっています。また、交感神経の活動が抑制され、拡張期血圧が低下するという結果も出ています。
・ＮＫ細胞の活性化……２泊３日で森林保養地に滞在した人は、免疫細胞の一種であるＮＫ細胞の活性化が約１ヵ月高い状態が続くことがわかっています。

このほかにも　森林浴には「生体的調整効果」といって、たとえば血圧の高い人は低く、低い人は高くなるなど、身体が本来の健康な状態に向かう効果のあることも確認されています。

森林の効果を引き出す方法

こうした森林の効果を十分に引き出すには、自分にとっていちばん心地いいと感じることを探すことです。

たとえば、森林の中で心地いいと感じる場所を見つけて樹木に触れたり、小鳥のさえずりに耳を傾けたり、あるいは、景色を楽しみながら森林の周辺を散策したりしながら、ゆったりと過ごすことで、次第に心身の緊張がとけてきます。

すると深い呼吸ができるようになり、さらにリラックス効果は高まります。森林療法においても「森林浴・森林散策」そのものがプログラムのひとつとして掲げられています。

森林療法では、ほかにも呼吸法やヨガ、気功などを組みこんだ養生法的なプログラムや、ストレッチやウォーキングなどを組みこんだ運動療法的なもの、森林管理作業を活用した作業療法、自然体験やゲームを用いるレクリエーション的なプログラムなどがあり、目的に応じておこなうことを推奨しています。

ここで第2章のポリヴェーガル理論の項目で説明したことを思い出してください。ＨＳＰの人は、日常的に凍りつき反応を起こしやすいため、本来必要のない防衛反応エネルギーを神経系の中にためこんでしまい、それがトラウマとなってＰＴＳＤを発症する原因となっています。

そのよけいなエネルギーを解放させるために、森林の中で身体を動かしてみるのはとてもいいと思います。周りに人のいない森林の中なら、気がねなく安心して動けます。

ただし、森林療法は健康のためにおこなうもので、ハイキングや山登りなどのいわゆる「アウトドア」（本来の意味はアウトドア・アクティビティ）ではありません。ですから、森林の中で身体を動かすにしても、疲労感が増すほどハードな運動は適していません。とくにＨＳＰの人は普通の人よりも心身が疲労しやすくエネルギーが不足していますから、ストレッチやヨガ、気功など、養生法的なものを疲れない程度におこなうのがおすすめです。

森林の効果はしばらく持続する

森林療法による効果はその場限りでなく、その後しばらく続きます。たとえば免疫なら、日帰りでも1週間程度、2泊3日なら約1ヵ月間、NK細胞の活性した状態が持続されるというデータがあります。

このデータから換算すると、**HSPの人は、日帰り（森林の中に2～3時間滞在）なら週1回、最低でも月1回ぐらいのペースで森林に出かけるのがおすすめ**です。

このようにいうと、「そんなに頻繁《ひんぱん》に!?」と思われる人もいるかもしれません。「森の中は心地いい」という森林浴的なイメージではなく、「健康のために森の中に入る」という新しい価値観を持ってください。

ちなみに、森林効果の源のひとつフィトンチッドは広葉樹よりスギやヒノキ、トドマツなど針葉樹に多く含まれています。そのため、嗅覚の鋭敏なHSPの人には「針葉樹林にいくと木の匂いが強すぎてちょっとつらい」という人もいます。

そのような人は広葉樹林に行かれることをおすすめします。広葉樹でも、クスノキやシキミ、タブノキなどフィトンチッドを多く含む樹種もあります。

日本では人工樹林のほとんどは針葉樹林で、天然林のほとんどは広葉樹林です。「天然林」というと人がめったに立ち入らないような奥山を想像されるかもしれませんが、日常的に利用できる里山や鎮守《ちんじゅ》の杜《もり》など幅広く分布しています。

また、針葉樹・広葉樹を問わず、フィトンチッドの量は春から夏にかけてが多く、冬場は少なくなります。しかし、森林の効果はフィトンチッドによるものではありませんから、季節を問わずぜひ森林療法をおこなってください。

日常の暮らしに「安全基地」をつくる

ＨＳＰの人にとって森林やそれに準ずる環境は、もっとも安心して過ごせる「安全基地」のような場所です。ちょっと疲れたと思えばすぐに駆けつけられるような身近なところに、心地よく過ごせる癒しの場所をぜひ見つけてください。

ただし、桜などお花見の季節に公園で宴会をするのは、森林療法にはなりません。むしろよけい疲れて逆効果になります。お花見の季節もひとりでゆっくり花木を愛でるか、せいぜい気の合う人と静かに鑑賞するようにしましょう。

また、自宅やオフィスに観葉植物を飾ったり、無垢材《むくざい》などの自然素材の家具を使ったりすることでも森林のリラックス効果が得られるといわれています。日常の暮らしに森林の効果を取り入れて、安全基地となる場所を身近にもつくってください。

＊日常の暮らしに森林の効果を取り入れる方法

・観葉植物を飾る
・無垢材などの自然素材の家具を置く
・ヒーリング音楽を聴《き》く
・アロマオイルで芳香浴《ほうこうよく》をする
・ハーブティを飲む

このように、身近に緑を置いたり近くの公園で過ごしたりすることで日頃のメンテナンスをしつつ、できれば年に1〜2回は近くに宿泊施設のあるような森林公園などに泊まりがけで行き、たっぷり森林の効果を得てください。

とくに、同じHSPでも好奇心旺盛《おうせい》で外向的ゆえにより傷つきやすいHSS型HSPの人には、楽しみながらセルフケアのできる森林療法はおすすめです。

それは、仕事や雑事に追われ慌《あわ》ただしく過ぎていく日々の生活のいいアクセントになり、

月1回の森林療法
身近にも---
森林効果の安全基地を

心身のリフレッシュ効果がよりいっそう高まるでしょう。

HSPの人にとっての森林療法による効果は、疲れた自分を癒すこととともうひとつ、再び日常の暮らしに戻っていくエネルギーを得ることです。いくら森林が心地のいい安全基地であっても、じっとそこに留まっているわけにはいきません。**安全基地を出て、また戻ってくるまでのエネルギーを、森林は与えてくれます。**

HSPの人は人並み以上に疲れやすい気質ですから、人並み以上にセルフケアを心がける必要があります。

そして、さまざまなセルフケアの中でも、五感の超鋭敏なHSP気質に適しているのが森林療法であるということを理解いただけたでしょうか。

コラム

農作業でメンタルをケアする「農心連携」

私は、森林療法の延長として「農心連携」という活動をおこなっています。

これは、自然農法で作物を育てている農家さんでの農業体験を通じて、療育や精神の障害を持つ子どもから大人までさまざまな人々を受け入れて寄り添うという活動です。以前から障害者などが農業分野で活躍することを通じて、自信や生きがいを持って社会参画を実現していく「農福連携」という取り組みがあり、そこからヒントを得ました。

農家のとくに高齢の方々はとてもおおらかで、細かいことはおっしゃいません。作業の指示も単純で、作業中はたいてい放っておいてくれます。それだけでもメンタル的に弱っている人にとっては、気の楽な心地のいい場になります。

また、屋外で農作物を「育てる」「収穫する」という作業を通して、土や太陽など自然からのエネルギーをたくさん得られますし、「達成感」や「充足感」も味わえます。

さらに、「社会とのつながり」やその中での「自分の存在意義」を感じられ、「自分は役に立っている」という実感から「自己評価の向上」にもつながります。自然からのエネルギーを得るという目的だけなら家庭菜園などでもいいのですが、「自己肯定感」を高め「生きがい」にまで通じさせるには、共同でおこなう農業体験が有効です。

農業体験のできるスポットやツアーなどもありますから、ウィークエンドなどを利用して参加してみてはどうでしょう。ＨＳＰの人にはおすすめです。

私がすすめるセルフケア②呼吸法

「人は一生に呼吸する回数が決まっており、呼吸の数で寿命は決まる」

このようにいわれるほど、呼吸は健康にとって重要です。

呼吸と感情は密接な関係にあり、**眠っているときやリラックスしているときの呼吸は深くゆっくりになりますが、反対に、心身が緊張した状態になると呼吸は浅く短くなります。**

ＨＳＰの人は緊張の連続で、浅い呼吸をしている人も少なくありません。呼吸が浅いと酸素をしっかりと取りこむことができず、血液中の酸素が不足して脳や心臓などの細胞にダメージを与えます。また、浅い呼吸を続けていると交感神経ばかりが働くようになり、緊張状態が加速してストレスを増幅させてしまいます。

これを機に呼吸を見直して、いい呼吸ができるようになってください。

「深呼吸」はほどほどに

まず、一般に、「深呼吸」をおこなうと緊張やストレスを緩《ゆる》めて心身をリラックスさせる効果などがあり健康にいいといわれます。「普段の無意識の呼吸」と「意識しておこなう深呼吸」とでは、どう違うのでしょうか。

呼吸神経生理学の専門家である東京有明医療大学学長の本間《ほんま》生夫《いくお》先生によると、無意識におこなっている呼吸は「脳幹」が、意識しておこなう深呼吸は「大脳皮質」がそれぞれコントロールしており、脳の中で担当する部位が違うのだそうです。

脳幹は進化的にもっとも古い脳の部分で、生きていくために必要な呼吸や睡眠、食欲、自律神経の働きなどをつかさどっています。

一方、大脳皮質は、進化した動物たちが獲得してきた脳の新しい部分で、記憶や思考、知覚など、脳の高次機能をつかさどっています。そして、言葉を操《あやつ》るのはこの部分であり、人間が人間らしくあるための高度な心、感情もこの部分が支配しています。

深呼吸するとリラックスするのは、大脳皮質の働きによって呼吸に注意を集中することで、不安やイライラなどネガティブな感情から意識が離れ、心身の緊張がほぐれるためでしょう。ただし、本間先生によると、大脳皮質を介する意識的な深呼吸をおこなうと、脳幹がコントロールしている体内の酸とアルカリのバランスの調節機能が作動しなくなるのだそうです。

細胞呼吸などによって体内に発生した二酸化炭素量を一定に保つことで、私たちの身体の機能は正常に作動しているため、二酸化炭素がうまく排泄できず酸性に傾くと酵素の働きが悪くなるなどの影響が生じることもあり、**「深呼吸は2〜3回」にとどめたほうがいい**とする見解を示しています。

「腹式呼吸」も「胸式呼吸」もどちらも大事

また、「腹式呼吸」も健康にいいとされますが、実際はどうでしょうか。

まず、呼吸とは、大気中の酸素を肺に取りこみ（吸気＝息を吸う）、二酸化炭素を大気に排出する（呼気＝息を吐く）ことです。しかし、肺自体は自ら膨《ふく》らんだり縮んだりすることはできません。肺を取り囲むさまざまな筋肉の働きによって、空気が出入りしています。

この肺を取り囲む筋肉を「呼吸筋」といいます。呼吸筋には横隔膜《おうかくまく》、肋間筋《ろっかんきん》（肋骨《ろっこつ》の間にある筋肉）、胸鎖乳突筋《きょうさにゅうとつきん》、斜角筋《しゃかくきん》などがあり、さらに頸部や腹部の筋肉なども呼吸のために使われます。

そして、腹式呼吸と胸式呼吸の違いは、単純にいえば、横隔膜が主に働くのが腹式呼吸、肋間筋が主に働くのが胸式呼吸です。

さて、横隔膜は胸郭《きょうかく》の下部にあるドーム形の筋肉です。吸気時には、横隔膜が収縮して

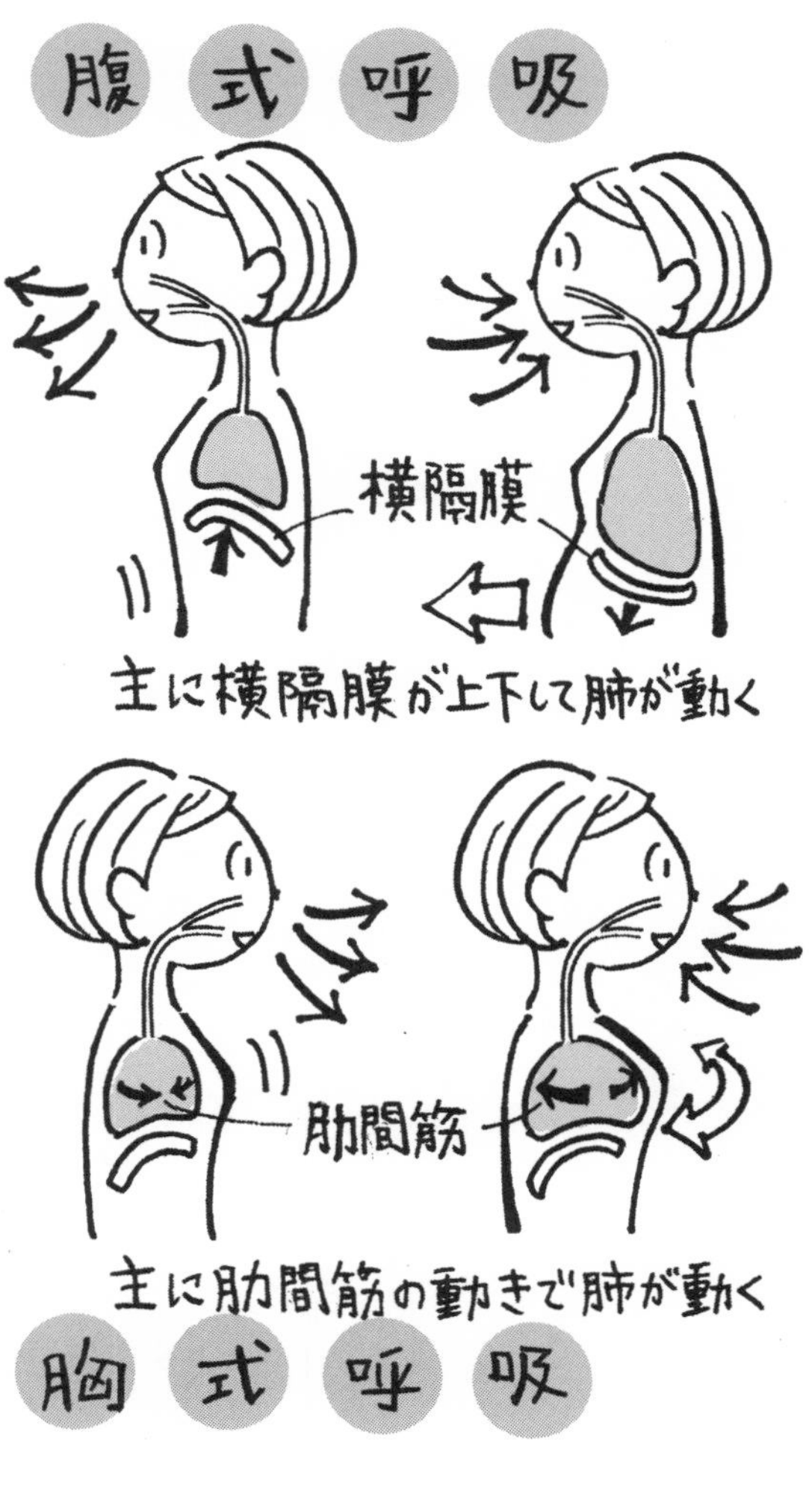
腹式呼吸
横隔膜
主に横隔膜が上下して肺が動く
肋間筋
主に肋間筋の動きで肺が動く
胸式呼吸

下がることで胸郭が広がり、胸郭内にある肺に空気が取りこまれます。そうして内部の圧力が高まると、横隔膜の収縮活動が止まります。すると風船がしぼむように今度は空気が外に出ていきます。つまり自動的に呼気がはじまるわけです。

肺と胸壁には弾力性があり、吸気時に受動的に引き延ばされるため、横隔膜が緩《ゆる》んだときには胸壁は自然に元の形に戻り、肺から空気が吐き出されます。そのため、安静時であれば、息を吐くのに努力は必要ありません。

しかし、運動時は、息を吐くためにいくつかの筋肉の助けを必要とします。中でも腹筋はもっとも重要です。腹筋が収縮すると腹腔内の圧力（腹圧）が高まり、緩んだ横隔膜を肺の上へ押し上げて空気を肺から押し出します。これを一般に腹式呼吸と呼びます。

吸気時に横隔膜が収縮して下がることでお腹が前方へ出るため、あたかもお腹で呼吸しているように感じられることから「腹式呼吸」の名で呼ばれますが、決して内臓で呼吸しているという意味ではありません。

この一連の動きが腹筋をはじめとする全身の筋肉の弛緩《しかん》をうながし、さらに内臓への刺激ともなることから、さまざまな健康法などと結びついています。

一方、肋間筋が収縮すると肋骨を押しあげて胸郭を広げます。これによって胸郭が広がり肺に空気を取りこみます。外肋間筋が弛緩すると胸郭が狭まり、空気が排出されます。

これが「胸式呼吸」です。

実は普段の呼吸では、腹式呼吸と胸式呼吸の両方を併用しておこなっています。ですから、どちらも大事です。

日に数回ずつでもそれぞれの呼吸法を意識的におこなうことで、無意識でも上手に呼吸ができるようになってくるでしょう。

＊腹式呼吸を意識しておこなう

・仰向けに寝て、お腹に手を当てる
・ゆっくり大きく鼻から息を吸って、お腹を膨らませる
・ゆっくり大きく口から息を吐いて、お腹を凹ませる
・これを数回繰り返す

＊胸式呼吸を意識しておこなう

・仰向けに寝て、みぞおちの横の肋骨に手を当てる
・ゆっくり大きく鼻から息を吸って、胸郭を開く
・ゆっくり大きく口から息を吐いて、胸郭を狭める

・これを数回繰り返す

＊腹式呼吸と胸式呼吸の両方使って深呼吸する

それぞれ意識できるようになったら、今度は両方を使って深呼吸してみましょう。

・仰向けに寝る
・胸郭もお腹も膨らませながら、鼻から大きく息を吸う
・胸郭もお腹も凹ませながら、口から大きく息を吐く
・これを繰り返す。慣れてきたら座った状態、立った状態でおこなう

ワイル博士の提唱する「ホリスティックな呼吸法」

ワイル博士が「くつろぐ呼吸法」として提唱しているのは「**4・7・8呼吸法**」です。

これは、息を吐く時間を吸うときの2倍の長さでおこなうという「ワンツー呼吸法」を発展させたものです。ワンツー呼吸法では、副交感神経が刺激されリラックスできるとされています。

「4・7・8呼吸法」は、呼気より吸気を2倍長くする（4カウントで吸い、8カウントで

吐く）ことに加えて、吸った後に息を止める「保持」の時間（７カウント）をとります。

呼吸のサイクルの中に「息を止める・保持」という要素を入れることで、また違ったリズムが生まれます。

ワイル博士は、呼吸を、体内にスピリットが宿っている証拠としてあげ、とても大事に位置づけています。

「身体と心をつなぎ、意識と無意識をつないでいる」呼吸は、「命と活力の源である」としています。

ホリスティック医療において、呼吸はあらゆる療法の基本となっています。

いい呼吸のためには、普段の無意識での呼吸をゆっくりとおこなえるようになり、ときに深呼吸やホリスティックな呼吸を意識的におこなうようにするという、両方の視点を持つといいでしょう。

私がすすめるセルフケア③適度な運動

適度な運動が健康維持に不可欠であることは、広く知られている通りです。

ＨＳＰの人にとっては、運動にはもうひとつ重要な意味があります。森林療法の項目でお話ししたように、HSPの人は必要のない防衛反応エネルギーを神経系にためこみやすく、それがもとでPTSDを発症しやすい状態にあります。そのよけいなエネルギーを、身体を動かすことで運動エネルギーに転換して発散させるのです。

とはいえ、一定のルールにのっとって勝敗を競ったりするようないわゆる「スポーツ」は向いていません。

セルフケアのためには、運動というよりストレッチ的なもの、それもなるべくひとりでおこなえるものが適しています。友だちや仲間とおこなうにしても、太極拳《たいきょくけん》やヨガのように呼吸を大切にしながら、なおかつそれぞれが自分のパフォーマンスに集中できるものがおすすめです。ただしホットヨガは刺激が強いのであまり適していないと思います。

また、女性には趣味でダンスを習っているという人も多いようです。ひとくちにダンスといっても、さまざまな種類がありますが、アップテンポな曲に合わせて激しく踊るものは、やはりセルフケアには適していません。

たとえば、フラダンスであれば、癒しや心地よさを与えてくれるような優雅な曲に合わせてゆったりとしたペースで踊るタイプのものがいいと思います。いずれにしても、自分が楽しいと思えるものを、心地よいペースでおこなうことが大切です。

誰でも簡単にできる「補気養生功」

本書では、気功法のひとつで私が森林療法のときにおこなっている「補気養生功」を紹介します。これは「天」「自然・森」「大地」という自然界の3つからエネルギーをもらい、自分の汚れたものを返して浄化してもらう、というものです。

気功は、もともと「気を練《ね》る」ことを目的とした中国の伝統的な鍛錬法であり、実践するのがむずかしいというイメージをお持ちの人もいると思います。

その点、補気養生功は基本動作が3つでそのやり方も非常に簡単。誰でもできるわかりやすい気功法です。

また、最後に大地との交流をおこなうことで、上がってしまっている気持ちを落ち着かせるという効果があり、いわゆる「グラウンディング（地に足をつけてしっかりと現実を生きるという意味）」にも通じています。興味のある方は試してみてください。

①両足を肩幅に広げて立つ

②左右に腕を振り回す動作を2～3分おこなう（リラックス、脱力のための準備運動で、ス

ワイショウと呼ばれる）

③第1の動作（上の動作）「天から気をもらう」……両手を上に向かってあげ、息を吐きながらうんと伸ばす。このとき、自分の中の汚れたものをすべて出すようなイメージで。次に、手を肘から引き下げながら息を吸う。今度は天からエネルギーをいただいていることを感じながらおこなう

④第2の動作（中〈横〉の動作）「自然・森林から気をもらう」……両手を肩の高さで左右に伸ばしながら、自分の中の汚れたものを出すイメージで息を吐く。次に、両手を肘から折り脇を引き寄せながら、自然・森林からエネルギーをいただいていることを感じながら息を吸う

⑤第3の動作（下の動作）「大地から気をもらう」……自分の中の汚れたものを吐き出すイメージで息を吐きながら両手を足元に向かってうんと伸ばす。次に、腰に手を当てるときの要領で、肘を外に向けて折りながら手を引きあげ、手のひらをお腹に当てる。このとき、大地からのエネルギーを手のひらを通していただき、それをすべて吸いこむようなイメージでおこなう

⑥③～⑤の3つの動作を1セットとして8回おこなう。余裕があればさらに8回おこなう

補気養生功のやり方

私がすすめるセルフケア④アロマテラピー

アロマテラピーは、植物の精油（花・茎・果実などに含まれる揮発性のある油）の香りを活用して心身のトラブルを穏やかに回復させ、健康に役立てていく自然療法で「芳香療法」ともいわれます。日本では癒しやファッション的なイメージが強いようですが、欧米では植物療法のひとつとして研究されています。

五感の中でも嗅覚はもっとも原始的な感覚であり、唯一脳にダイレクトに刺激が伝わります。記憶や感情、情動とも関連が深く、自律神経の司令塔である「視床下部《ししょうかぶ》」にも情報が伝わるため、体温や睡眠、ホルモンの分泌、免疫機能などにも作用します。

実際、第1章のAさんもそうですが、私のクリニックで治療の一環としてアロマテラピーを受けた患者さんには、たとえば、「いままで感じたことのない解放感」「心地よくて夢のような幸福感」などを得て自律神経の消耗が回復したなど、治療効果が得られたケースはいくつもあります。

精油の作用は香りによって異なり、たとえば「香りの女王」と呼ばれるローズにはリラックス作用が、ラベンダーには鎮静《ちんせい》作用が、ローマンカモミールには消炎作用があります。

ＨＳＰの人がアロマをセルフケアに取り入れる場合、**好きな香りより症状に合う効果を持つものを選ぶ**ことをおすすめします。

たとえば、幼少期を田舎で過ごした人が軽い認知症になった場合、森林に連れていくことで症状が改善することがあります。これは、その人の個人的な記憶とつながる香りを嗅ぐことによって、失われつつある脳の記憶が呼び戻されることによる効果です。

ＨＳＰの人は、**興奮作用のあるものより鎮静作用のある香り**を選ぶほうがいいと思います。

また、ＨＳＰの人は感覚が鋭敏ですので、香りのきつすぎない精油のほうがストレスが少なくていいと思います。

日常的にアロマによるケアをおこなうには、アロマポットやアロマディフューザーなどを使う芳香浴法や、お湯に精油を１～２滴落とし、立ちのぼる香りの湯気を吸いこむ吸入法などが簡単にできておすすめです。

また、精油成分は皮膚からも吸収されるので、湯船に精油を１～５滴ほど入れて全身浴や半身浴をする沐浴法《もくよくほう》は、入浴による健康効果も加わりより高い効果を期待できます。

ＨＳＰの人はもともと自律神経のバランスが偏《かたよ》りやすい傾向があり、また、日頃から脳をフル回転させているため、普通の人より脳が疲れやすい状態です。香りの好きな人であれば、脳に直接働きかけ、弱っている機能を活性化させてくれるアロマの力を日々のケアに取り入れるのは向いていると思います。

私がすすめるセルフケア⑤音楽療法

第2章で説明した、自律神経の働きに関するポリヴェーガル理論を思い出してください。たとえば、上司に叱られるなど普段の日常生活の中で遭遇する軽度の危機（ストレス）においては、社会神経系（いわゆる社会コミュニケーションをおこなうための聴く・見る・話すなどの機能をつかさどる）の働きが重要だが、HSPは社会神経系の一端を担《にな》う聴神経・聴覚が過敏なため、社会神経系がうまく機能せず、結果、ストレスに対して弱い傾向があるといいました。

ポリヴェーガル理論を提唱したポージェス博士は、聴覚過敏をケアすることで社会神経系の働きをよくする治療法としてLPP（リスニング・プロジェクト・プロトコル）というメソッドを開発されています。

「それでなくても過敏な聴覚を刺激したら、もっと感覚過敏になるのでは？」

そのような疑問を持たれる人もいるかもしれません。

これまでにも、音楽がいろいろな疾患《しっかん》に対して効果を発揮するとして「音楽療法」がおこなわれてきたことは、みなさんもご存じだと思います。しかし、その作用機序は実は解明されていませんでした。ポージェス博士はポリヴェーガル理論に基づけば、音楽療法の効果を説明できるとしています。


これもおさらいになりますが、ポリヴェーガル理論では、危機的状況に陥《おちい》った場合、それが「軽度の危機」「生命の危機」「安全」の状態であるかは無意識下で察知され、それぞれの状況に応じた自律神経システムが働くと考えています。

危機的状況に遭遇した最初の段階では交感神経による防衛システム、それが生命の危機レベルに達すれば背側《はいそく》迷走神経によるシステム、反対に安全であれば腹側《ふくそく》迷走神経（社会神経系）によるシステムが、それぞれ稼働します。

そして、ポージェス博士は、このプロセスは意識的な知覚（パーセプション）とは異なり、無意識下での反射であるとして「ニューロセプション」という言葉で表現し、五感の刺激の中でも主に聴覚と視覚からの情報により大きな影響を受けるとしています。

さて、ニューロセプションが「安全である」と判断する材料となるのは、人間関係では相手の表情や、声の韻律《いんりつ》の豊かさ、つまり抑揚のある声です。

抑揚のある声というのは、周波数帯がリズミカルに変化しています。そのため、聴覚を担当する器官のうち音を増幅する役割を担う中耳の耳小骨（アブミ骨）の筋肉も、顔面神経による微調整によって柔軟に変化しています。つまり、筋肉は固まることなくしなやかに動いているわけで、雑音の中でも人の声を聞き分けることができるのは、この筋肉の動きによると考えられています。

したがって、**抑揚のある歌や音楽を聴いたりすることは、中耳筋のストレッチやマッサージのような効果があり、結果、高い周波数帯である人の声を聞き取りやすくなり、人とのコミュニケーションが良好になったり、聴覚過敏の状態を改善したりすることができる**というわけです。

歌声で聴覚をケアするLPP

LPPでは、音楽といっても人間の声（ボーカル）が入ったものを使います。たとえば、子ども向けのプログラムではアラジンの主題歌「ホール・ニュー・ワールド」のような有名な曲も使われています。ただし、その音楽をそのまま使うのではなく、コンピューターによって加工がほどこされています。

まず、韻律を増幅することで、ボーカルの音がよりメロディアスで韻律に富んで聞こえるようにしています。加えて、音楽の中にある低周波数の音はカットしています。これは、ライオンなど猛獣の唸《うな》り声は低周波成分でできているため、私たちの遠い祖先からの記憶で**低周波数の音を聴くと恐怖を感じて自己防衛反応を引き起こしてしまう**ため、それを排除して安心と安全を理解してもらうためです。

このように徹底して低周波数の音を排除し、かつボーカルの声を調整して韻律に富むように設定した音楽を繰り返し聴くことで、安心安全であることがインプットされ自己防衛の必要を感じなくなると、社会神経系の働きが活性化して中耳の筋肉を制御できるようになり、聴覚過敏を改善することができます。

ＬＰＰをおこなった50%の人が聴覚過敏が改善し、社会的交流活動も改善したと報告されています。また、５日間続けておこなう設定のプログラムですが、１週間に１～２回でも効果があるとの報告もあります。

ＬＰＰは医療機関でおこなわれる治療法ですので、聴覚過敏で悩んでいる人は、主治医や近所の病院やクリニックに相談してみてください。

コーラスや楽器演奏も効果がある

ポージェス博士は「歌うときに使われる口頭・咽頭筋《いんとうきん》も社会神経系の一部である」と指摘し、**歌うことや吹奏楽を演奏することでも、生理学的状態が穏やかになり、社会交流システムが活性化する**としています。

したがって、人間の声でもより周波数の高い女性ボーカルでやさしい音色の曲を聴いたり、自分で歌ったりすることでもある程度の効果を得られます。とくにグループで歌うコーラスは、社会的交流システムのいい神経エクササイズになるでしょう。

また、チェンバロやガムランなどの楽器も、自然の音の成分に近い高周波成分を出すことが確認されています。ですから、ボーカルは入っていなくても、チェンバロやガムランによって演奏されたクラシックや民族音楽を聴くことでも効果を得られるでしょう。

前出の項目でも触れましたが、モーツァルトの曲には高周波の音が多く含まれていますので、「2つのチェンバロのためのソナタ集」のようにチェンバロで奏でられたものであれば相乗効果を期待できるかもしれません。

ＨＳＰのベテランになろう

私は慢性疾患の患者さんに対して、必ず「患者さんとしてベテランになりましょう」ということをお伝えします。

「ベテランになる」ということは、卒業していないということです。

病気の治療においては、「治《なお》る」すなわち「卒業」することが理想です。ですが、慢性疾患の場合などには、そこまでいかない人もたくさんいます。

ならば、どうするか。「慢性疾患を抱えた自分とのつきあい方を習熟する」つまりベテランになるのです。たとえば、「このぐらいまでは頑張ってもいいけど、これ以上は無理しないでおこう」とか「こういうときには薬を使ってケアしよう」というように、**その都度、自分の状況を的確に判断でき、なおかつ臨機応変に対応できるようになる**、それがベテランになるということです。

ＨＳＰは病気ではありませんが、持って生まれた魂の気質であり、一生つきあっていかなくてはいけません。そういう意味では慢性疾患と似ています。

ＨＳＰの人もＨＳＰを卒業することはできません。違う人にはなれないのですから、Ｈ

SPの自分を受け入れて、そういう自分に慣れていくしかありません。つまりHSPのベテランになるのです。

ここまで、HSPのベテランになるためのアプローチ法をたくさんお伝えしてきました。それらを参考に、敏感力のきわめて高い自分とうまくつきあう方法を身につけてください。HSPのベテランとして、これまでもがき苦しみながら進んできた人生を軌道修正し、HSPのよさを生かしながら、自分らしく充実した日々を生きてください。

●参考文献

『ポリヴェーガル理論入門』（ステファン・W・ポージェス　花丘ちぐさ訳　春秋社）
『入門　インテグラル理論』（鈴木規夫、久保隆司、甲田烈　日本能率協会マネジメントセンター）
『HSPの教科書』（上戸えりな　Clover出版）
『「敏感すぎて苦しい」がたちまち解決する本』（高田明和　廣済堂出版）
『ホリスティック医学入門』（降矢英成　農文協）

著者紹介

赤坂溜池クリニック院長。心療内科医。

一九五九年、東京都出身。東京医科大学を卒業。医学生時代からホリスティック医学に関心を持ち、LCCストレス医学研究所心療内科、帯津三敬病院などを経て、ホリスティック医療を実践する赤坂溜池クリニックを一九九七年に開設。日本心身医学会専門医、NPO法人日本ホリスティック医学協会前会長。

著書には『ホリスティック医学入門』（農文協）などがある。

敏感繊細《びんかんせんさい》すぎて生《い》きづらい人《ひと》へ
――HSP《エイチエスピー》という秀《ひい》でた「個性《こせい》」の伸《の》ばし方《かた》

二〇二一年六月一〇日　第一刷発行
二〇二二年五月　二日　第二刷発行

著者　降矢《ふるや》英成《えいせい》

発行者　古屋信吾

発行所　株式会社さくら舎　http://www.sakurasha.com
東京都千代田区富士見一-二-一一　〒一〇二-〇〇七一
電話　営業　〇三-五二一一-六五三三　FAX　〇三-五二一一-六四八一
編集　〇三-五二一一-六四八〇
振替　〇〇一九〇-八-四〇二〇六〇

装丁　アルビレオ

イラスト　池田須香子

印刷・製本　中央精版印刷株式会社

ISBN978-4-86581-297-8